El desnudo

Primera edición: abril, 2019

Título original: *The Undressing : poems* / Li-Young Lee
First edition. New York : W. W. Norton & Company, 2018
Copyright © 2018 by Li-Young Lee

© de la traducción: Sara Cantú Pérez de Salazar, 2019

© Vaso Roto Ediciones, 2019
ESPAÑA
C/ Alcalá 85, 7º izda.
28009 Madrid

vasoroto@vasoroto.com
www.vasoroto.com

Grabado de cubierta: Víctor Ramírez

ISBN: 978-84-120271-1-2
BIC: DCF

Li-Young Lee
El desnudo

Traducción de Sara Cantú Pérez de Salazar

Vaso Roto / Ediciones

For The Lovers
And The Manifold Beloved

*Para Los Amantes
y Los Diversos Amados*

I

I

The Undressing

Listen,
she says.

I'm listening, I answer
and kiss her chin.

Obviously, you're not, she says.

I kiss her nose and both of her eyes.
I can do more than one thing at a time,
I tell her. Trust me.
I kiss her cheeks.

You've heard of planting lotuses in a fire, she says.
You've heard of sifting gold from sand.

You know
perfumed flesh, in anklets, and spirit, unadorned,
take turns at lead and follow,
one in action and repose.

I kiss her neck and behind her ear.

But there are things you need reminded of, she says.
So remind me, Love, I say.

There are stories we tell ourselves, she says.
There are stories we tell others.
Then there's the sum
of our hours

El desnudo

Escucha,
dice ella.

Estoy escuchando, le respondo
y beso su barbilla.

Evidentemente, no lo estás, dice ella.

Beso su nariz y ambos ojos.
Puedo hacer más de una cosa a la vez,
le digo. Confía en mí.
Beso sus mejillas.

Has oído hablar de plantar lotos en un incendio, dice ella.
Has oído hablar de cribar oro de la arena.

Ya sabes
la carne perfumada, en carcax y espíritu, sin adornos,
se turna para dirigir y seguir,
una en acción y otra en reposo.

Le beso el cuello y detrás de su oreja.

Pero hay cosas que necesito recuerdes, dice ella.
Entonces recuérdame, Amor, le digo.

Hay historias que nos contamos a nosotros mismos, dice ella.
Hay historias que contamos a otros.
Luego está la suma
de nuestras horas

death will render legible.

I unfasten the top button of her blouse
and nibble her throat with more kisses.

Go on, I say, I'm listening.
You better be, she says,
you'll be tested.

I undo her second,
her third, fourth, and last buttons quickly,
and then lean in
to kiss her collarbone.

She says, The world
is a story that keeps beginning.
In it, you have lived severally disguised:
bright ash, dark ash, mirror, moon;
a child waking in the night to hear the thunder;
a traveler stopping to ask the way home.
And there's still
the butterfly's night sea-journey to consider.

She says,
There are dreams we dream alone.
There are dreams we dream with others.
Then there's the lilac's secret
life of fire, of God
accomplished in the realm
of change and desire.

Pushing my hand away from her breast,
she keeps talking.

que la muerte volverá legible.

Desabrocho el botón superior de su blusa
y mordisqueo su cuello con más besos.

Continúa, le digo, estoy escuchando.
Más te vale, dice ella,
serás examinado.

Desabrocho su segundo,
su tercero, su cuarto, y sus últimos botones rápidamente
y entonces me inclino
para besar su clavícula.

Ella dice, El mundo
es una historia que sigue comenzando.
En ella, has vivido singularmente disfrazado:
ceniza brillante, ceniza oscura, espejo, luna;
un niño que se despierta en la noche para escuchar los truenos;
un viajero que se detiene para preguntar el camino a casa.
Y todavía falta
el viaje nocturno de la mariposa por el mar.

Ella dice,
Hay sueños que soñamos solos.
Hay sueños que soñamos con otros.
Luego está el secreto de la vida
en llamas de la lila, el de Dios
que se alcanza en el reino
del cambio y del deseo.

Alejo mi mano de su pecho,
y ella sigue hablando.

Alone, you dream in several colors: Blue,
wishing, and following the river.

In company, you dream in several others:
The time you don't have.
The time left over.
And the time it takes.

Your lamp has a triple wick:
Remembering, questioning, and sheltering
made of your heart's and mind's agreement.
With it, you navigate the two seas: Day
with everything inside it;
night and all that's missing.

Meanwhile, I encounter difficulty
with her skirt knot, her fingers
confounding my progress,
as she goes on reviewing the doubtful points.

There are words we say in the dark.
There are words we speak in the light.
And sometimes they're the same words.

From where I've been sitting beside her,
I drop to one knee before her.

There's the word we give
to another.
There's the word we keep
with ourselves.
And sometimes they're the same word.

Solo, sueñas en varios colores: Azul,
anhelando, siguiendo el río.

En compañía, sueñas en muchos otros:
El tiempo que no tienes.
El tiempo que sobra.
Y el tiempo que toma.

Tu lámpara tiene una mecha triple:
Recordando, cuestionando y protegiendo
el acuerdo entre tu mente y tu corazón.
Con ella, navegas los dos mares: Día
con todo dentro;
noche y todo lo que falta.

Mientras tanto, batallo
con el nudo de su falda, sus dedos
frustrando mi progreso,
en tanto ella continúa repasando los puntos inciertos.

Hay palabras que decimos en la oscuridad.
Hay palabras que hablamos a la luz del día.
A veces son las mismas palabras.

Desde donde me he sentado a su lado,
me arrodillo frente a ella.

Existe la palabra que le damos
a otro.
Está la palabra que mantenemos
en nosotros.
Y a veces son la misma.

I slip one hand inside her blouse
and find her naked waist.
My other hand cradles her bare foot
from which her sandal has fallen.

A word has many lives.
Quarry, the word is game, unpronounceable.
Pursuant, the word is judge, pronouncing sentence.
Affliction, the word is a thorn, chastising.

I nudge her blouse open with my nose
and kiss her breastbone.

The initiating word
embarks, fixed between sighted wings, and
said, says, saying, none are the bird,
each just moments of the flying.

Doubling back, the word is infinite.
We circle ourselves,
the fruit rots in time,
and we're just passengers of our voices,
a bird in one ear crying, *Two!*
There are two worlds!
A bird in the other ear urging, *Through!*
Be through with this world and that world!

Her blouse lapses around her shoulders,
and I bend lower
to kiss her navel.

There are voices that wake us in the morning, she says.
There are voices that keep us up all night.

Deslizo una mano dentro de su blusa
y encuentro su cintura desnuda.
Mi otra mano acuna su pie descalzo
de donde se ha caído su sandalia.

Una palabra tiene muchas vidas.
Presa, la palabra es juego, impronunciable.
Consecuentemente, la palabra es juez, pronunciando la sentencia.
Aflicción, la palabra es una espina, castigando.

Abro su blusa con mi nariz
y beso su esternón.

La palabra que inicia
se embarca fija entre alas vislumbradas, y
decía, dijo, dice, ninguno es el pájaro,
cada uno sólo momentos del vuelo.

Volviendo hacia atrás, la palabra es infinita.
Damos vueltas sobre nosotros mismos,
la fruta se pudre con el tiempo,
y sólo somos pasajeros de nuestras voces,
un pájaro que canta en un oído, ¡Dos!
¡Hay dos mundos!
Un pájaro en el otro oído instando, ¡Termina!
¡Termina con este mundo y ese mundo!

Su blusa cae sobre sus hombros,
y me inclino aún más
para besar su ombligo.

Hay voces que nos despiertan en la mañana, dice ella.
Hay voces que nos mantienen despiertos toda la noche.

I lift my face and look into her eyes. I tell her,
The voices I follow
to my heart's shut house say,
A member of the late
and wounded light enjoined to praise,
each attends a song that keeps leaving.

Now, I'm fondling her breasts
and kissing them. Now,
I'm biting her nipples.
Not meaning to hurt her,
I'm hurting her a little,
and for these infractions I receive
the gentlest tugs at my ear.

She says,
All night, the lovers ask, *Do you love me?*
Over and over, the manifold beloved answers,
I love you. Back and forth,
merging, parting, folding, spending,
the lovers' voices
and the voices of the beloved
are the ocean's legion scaling earth's black bell,
their bright crested foam
the rudimentary beginnings
of bridges and wings, the dream of flying,
and the yearning to cross over.

Now, I'm licking her armpit. I'm inhaling
its bitter herbal fumes and savoring
its flavor of woodsmoke. I've undone
the knot to her skirt.

Levanto mi cara y la miro a los ojos. Le digo,
Las voces que sigo
hasta la casa cerrada de mi corazón dicen,
Un miembro de la tardía
y herida luz a la que se le ha exigido elogiar,
cada uno acompaña un canto que sigue alejándose.

Ahora, estoy acariciando sus pechos
y besándolos. Ahora,
estoy mordiendo sus pezones.
Sin la intención de hacerle daño,
la lastimo un poco,
y por estas transgresiones recibo
unos suaves tirones en mi oreja.

Ella dice,
Toda la noche, los amantes preguntan, *¿Me amas?*
Una y otra vez, las diversas respuestas amadas,
Te quiero. De acá para allá,
fusionándose, separándose, rindiéndose, gastándose,
las voces de los amantes
y las voces de los amados
son la legión del océano escalando la campana negra de la tierra,
la cresta de su brillante espuma
los comienzos rudimentarios
de puentes y alas, el sueño de volar,
y el anhelo de cruzar.

Ahora, estoy lamiendo su axila. Inhalo
su fragancia de hierbas amargas y saboreo
su aroma a leña quemada. He deshecho
el nudo de su falda.

Bodies have circled bodies
from the beginning, she says,

but the voices of lovers
are Creation's most recent flowers, mere buds
of fire nodding on their stalks.

In love, we see
God burns hidden, turning
inside everything that turns.

And everything turns. Everything
is burning.

But all burning is not the same.
Some fires kindle freedom.
Some fires consolidate your bondage.
Do you know the difference?

I tell her, I want you to cup your breasts
in both of your hands
and offer them to me.
I want you to make them wholly
available to me.

I want to be granted open liberty
to leave many tiny
petal-shaped bruises,
like little kisses, all over you.

One and one is one, she says.
Bare shineth in bare.

Los cuerpos han girado sobre cuerpos
desde el principio, dice,

pero las voces de los enamorados
son las flores más recientes de la Creación, meros capullos
de fuego cabeceando sobre sus tallos.

En el amor, vemos que
Dios arde oculto, dando la vuelta
a todo lo que gira.

Y todo gira. Todo
arde.

Pero no todo arde de la misma manera.
Algunos fuegos encienden la libertad.
Algunos fuegos reafirman tu sumisión.
¿Puedes ver la diferencia?

Le digo, quiero que tomes tus pechos
con ambas manos
y me los ofrezcas.
Quiero que los pongas completamente
a mi alcance.

Quiero que se me conceda total libertad
para dejar sobre ti cantidad de pequeños
hematomas en forma de pétalo,
como pequeños besos.

Uno y uno es uno, dice ella.
Lo desnudo reluce desnudo.

Think, she says, of the seabirds
we watched at dawn
wheeling between that double blue
above and below them.

Defined by the gravity they defy,
they're the radiant shadows of what they resist,

and their turns and arcs in air
that will never remember them
are smiles on the face of the upper abyss.

Their flying makes
our inner spaciousness visible,
even habitable, restoring us
to infinity, we beings of nonbeing,
each so recent a creature,
and only lately spirits
learning how to love.

Shrill, their winged hungers
fill the attic blue
and signal our nagging jeopardy:
Death's bias, the slope
of our lives' every minute.

I want to hear you utter
the sharpest little cries of tortured bliss, I say,
like a slapped whelp spurt
exquisite gasps of delighted pleasure.

But true lovers know, she says,
hunger vacant of love is a confusion,

Piensa, dice ella, en las aves marinas
que vimos al amanecer
dando vueltas entre ese doble azul
por encima y debajo de ellas.

Delimitadas por la gravedad que desafían,
son las sombras radiantes de lo que resisten,

y sus vueltas y arcos en el aire
que nunca las recordarán
son sonrisas en la cara más allá del abismo.

Su vuelo hace
visible nuestra espaciosa interioridad,
incluso habitable, llevándonos
hasta el infinito, nosotros seres de la nada,
apenas criaturas,
y tan sólo espíritus tardíos
aprendiendo a amar.

Estridentes, sus deseos alados
llenan el ático azul
y señalan nuestro inminente peligro:
el sesgo de la Muerte, la pendiente
de nuestras vidas cada minuto.

Le digo, quiero oírte pronunciar
los suaves y agudos gemidos de una dulce tortura,
como el llanto de un bebé recién nacido,
exquisitos suspiros de un deleitoso placer.

Pero los verdaderos amantes saben, dice ella,
que el hambre sin amor es una confusión,

spoiling and squandering
such fruit love's presence wins.

The harvest proves the vine
and the hearts of the ones who tend it.

Everything else is gossip, guessing
at love's taste.

The menace of the abyss will be subdued, I say,
when I extort from you the most lovely cries
and quivering whispered pleas
and confused appeals of, *Stop*, and, *More*, and, *Harder*.

To love, she says. For nothing.
What birds, at home in their sky,
have dared more?

What circus performer,
the tent above him, the net below,
has risked so much? What thinker, what singer,
both trading for immortality?

Nothing saves him who's never loved.
No world is safe in that one's keeping.

We are travelers among other travelers
in an outpost by the sea.
We meet in transit, strange to each other,
like birds of passage between a country and a country,
and suffering from the same affliction of sleeplessness,
we find each other in the night
while others sleep. And between

que desperdicia y despilfarra
lo que gana la presencia del fruto del amor.

La cosecha reafirma la vid
y el corazón de quienes lo cultivan.

Todo lo demás es cotilleo, adivinando
el gusto del amor.

La amenaza del abismo será contenida, le digo,
cuando obtenga de ti los más bellos gemidos
y temblorosas súplicas susurradas
y confusos ruegos de *Detente* y *Más* y *Más fuerte.*

Amar, dice ella. Para nada.
¿Qué pájaros, en casa en su cielo,
se han atrevido a más?

¿Qué artista de circo,
la carpa encima, la red debajo,
ha arriesgado tanto? ¿Qué pensador, qué cantante,
ambos especulando con la inmortalidad?

Nadie salva a quién jamás ha amado.
Ningún mundo está seguro bajo nuestro cuidado.

Somos viajeros entre otros viajeros
en una estación junto al mar.
Nos conocemos en el camino, extraños el uno para el otro,
como aves migratorias entre uno y otro país,
y padeciendo los dos de insomnio,
nos encontramos en la noche
mientras otros duermen. Y entre

the languages you speak and the several I remember,
we convene at the one we have in common,
a language neither of us was born to.
And we talk. We talk with our voices,
and we talk with our bodies.
And behind what we say,
the ocean's dark shoulders rise and fall all night,
the planet's massive wings ebbing and surging.

I tell her, Our voices shelter each other,
figures in a dream of refuge
and sanctuary.

Therefore, she says,
designations of North, South, East, and West,
Winter, Spring, Summer, Fall,
first son, second son, first daughter, second daughter,
change, but should correspond
to a current picture of the sky.

Each of our days fulfills
the measures of the sanctum
and its great tables' rounds.
The tables are not round.
Or, not only round.
At every corner,
opposites emerge, and you meet yourself.

I bow my head
and raise her foot to my mouth.

The pillared tables make a tower and a ladder.
They constitute the altar, the throne, and the crown.

los idiomas que tú hablas y los varios que yo recuerdo,
nos decidimos por el que tenemos en común,
un idioma que para ninguno de los dos es el materno.
Y hablamos. Hablamos con nuestras voces,
y hablamos con nuestros cuerpos.
Y en el fondo de lo que decimos,
los hombros oscuros del océano suben y bajan toda la noche,
las enormes alas del planeta crecen y decrecen.

Le digo, Nuestras voces se prestan mutuo asilo,
figuras en un sueño de refugio
y santuario.

Por lo tanto, dice ella,
las denominaciones de norte, sur, este y oeste,
invierno, primavera, verano, otoño,
primer hijo, segundo hijo, primera hija, segunda hija,
cambian, pero deben corresponder
a una imagen actual del cielo.

Cada uno de nuestros días cumple
con las medidas del santuario
y sus grandes mesas redondas.
Las mesas no son redondas.
O, por lo menos, no sólo redondas.
En cada esquina,
se manifiestan los opuestos y te encuentras a ti mismo.

Inclino mi cabeza
y me llevo su pie a la boca.

Las mesas con pilares forman una torre y una escalera.
Éstas constituyen el altar, el trono y la corona.

The crown is not for your
head. The throne is not your seat.
The days on which the altar stands
will be weighed and named.
And the days are not days.
Not the way you might understand days.
The altar summons the feast
and are an aspect of the host.

The smell of her foot
makes me think of saddles.
I lick her instep. I kiss her toes. I kiss her ankle.

Don't you kiss my lips
with that mouth, she says.

Gold bit, I think.
Tender spur, I think.

I kiss her calves. I kiss her knees.
I kiss the insides of her thighs.
I'm thinking about her hip bones. I'm tonguing
the crease where her thigh and her belly meet.

The rounds enclose the dance,
she says.

The round and the square together
determine the dimensions of the ark, she says.
The water is rising as we speak.

Are you paying attention? she says,
One and one is two.

La corona no es para tu
cabeza. El trono no es tu asiento.
Los días en los que los altares se sostienen
serán medidos y juzgados.
Y los días no son días.
No del modo en que entiendes los días.
Los altares convocan el banquete
y son sólo una cara del anfitrión.

El olor de su pie
me hace pensar en sillas de montar.
Lamo su empeine. Le beso los dedos del pie. Beso su tobillo.

No te atrevas a besar mis labios
con esa boca, dice ella.

Bocado de oro, pienso.
Espuela tierna, pienso.

Beso sus pantorrillas. Beso sus rodillas.
Beso el interior de sus muslos.
Estoy pensando en los huesos de su cadera. Estoy lengüeteando
el pliegue donde se unen su muslo y su vientre.

Lo circular encierra el baile,
dice ella.

Lo circular y lo cuadrado juntos
determinan las dimensiones del arca, dice ella.
El agua está subiendo mientras hablamos.

¿Estás prestando atención? dice ella,
Uno y uno son dos.

You and me are three. A long arithmetic
no temporal hand reckons
rules galaxies and ants, exact
and exacting. Lovers obey,
sometimes contradicting human account.

The smell of her body
mixes with her perfume and makes me woozy.

All being tends toward fire, I say.

All being tends toward fire,
sayeth the fire, she says, correcting me.

All being tends toward water, sayeth the water,
Light, sayeth the light.
Wings, sayeth the birds.
Voice, sayeth the voiceless.

Give up guessing, she says, give up
these frightened gestures of a stooped heart.
You've done all your learning with others in mind.

You've done all your teaching thinking only of yourself.
Saving the world, you oppress people.
Abandon educated words and honored acts.
I want you to touch me
as if you want to know me, not arouse me.
And by God, sing! For nothing. Singing
is origin. Out of that modulated trembling, cosmic
and rooted in the primordial, quantum and concealed
in the temporal, all forms come to be.
Each thing, born of the myriad in concert, is one song

Tú y yo somos tres. Una larga aritmética
que ninguna mano temporal calcula
gobierna galaxias y hormigas, exacta
y exigente. Los amantes obedecen,
a veces contradiciendo la versión humana.

El olor de su cuerpo
se mezcla con su perfume y me marea.

Todo ser tiende al fuego, digo yo.

Todo ser tiende al fuego,
dice el fuego, dice ella corrigiéndome.

Todo ser tiende al agua, dice el agua,
Luz, dice la luz.
Alas, dicen los pájaros.
Voz, dicen los mudos.

Deja de adivinar, dice ella, date por vencido
estos gestos asustadizos de un corazón encorvado.
Todo tu aprendizaje ha sido con otros en mente.

Toda tu enseñanza ha sido pensando sólo en ti mismo.
Salvando el mundo, oprimes a la gente.
Abandona las palabras educadas y los actos honrados.
Quiero que me toques
como si quisieras conocerme, no excitarme.
Y por Dios, ¡canta! Por nada. El canto
es origen. Fuera de ese temblor modulado, cósmico
y arraigado en lo primordial, cuántico y oculto
en lo temporal, todas las formas llegan a ser.
Cada cosa, nacida de la infinidad en sintonía, es una versión

variously sung. Each thing flourishes by singing
and returns to vanish into song.

Your body is that whereby song is conducted.
Singing is that whereby your body is completed.
Singing develops all things.
Dying is singing's consummation.
Thinking, you remain entangled
in the coils of your world.
Singing, you marry all possible worlds.

You know, from all of your green and branching hours
that so soon die unremarked, general and redundant,
the hours you sing return to you in true scale and degree.
The hours you measure by singing return winged
and noted, throated, eyed, and whirring-hearted.
Return red-crested, blue-feathered, black-frocked,
striped, spotted, flecked, and fine-boned.
But don't stop there. Sing the tree,
sing the All, sing the lot
of your time, and uncover the body of the Word,
the compass of compasses. Sing change
and the principle of wings, the laws of seeing and hearing,
rising and falling, harmony and strife. Sing all
the ungraspable, the descending, ascending signatures,
and you sing the name of life.

Call everyone of you to the feast.

Now, I'm drooling along her ribs.
I'm smacking my lips and tongue to better taste
her mossy, nutty, buttery, acrid sweat.

de la misma canción. Cada cosa florece cantando
y vuelve a desvanecerse en una canción.

Tu cuerpo es aquel por el cual se conduce la canción.
El canto es aquello por lo cual tu cuerpo se completa.
Cantar desarrolla todas las cosas.
Morir es la consumación del canto.
Pensando, te mantienes enredado
en las espirales de tu mundo.
Cantando, te casas con todos los mundos posibles.

Sabes, por todas tus horas verdes y ramificadas
que mueren tan pronto sin dejar huella, generales y redundantes,
las horas cantadas regresan a ti en escala y grado real.
Las horas que mides cantando regresan aladas
y notorias, con gargantas, ojos y corazón que zumba.
Regresan con la cresta roja, las plumas azules, el traje negro,
rayadas, manchadas, moteadas y con los huesos finos.
Pero no te detengas allí. Canta el árbol,
canta el Todo, canta la mayor parte
de tu tiempo, y descubre el cuerpo de la Palabra,
la brújula de brújulas. Canta el cambio
y el principio de las alas, las leyes de ver y escuchar,
subiendo y bajando, armonía y lucha. Canta todo
lo efímero, las firmas ascendentes y descendentes,
y cantarás el nombre de la vida.

Invita a todos al festín.

Ahora, estoy babeando a lo largo de sus costillas.
Chasqueo los labios y la lengua para saborear mejor
su musgoso, amargo, mantecoso y punzante sudor.

I know you more than I know, she says.
My body, astonished, answers to your body
without me telling it to.

Inside her is the safest place to be.
Inside her, with all those other mysteries,
those looming immensities:
god, time, death, childhood.

Listen, she says,
There's one more thing.
Regarding the fires, there are two.
Left and right, they grow wiser in the same house.
Up and down, the higher encases the lower,
and the lower clings to the higher.
Inner and outer, these two illuminations
are a thousand illuminations.

But I'm thinking,
My hands know things my eyes can't see.
My eyes see things my hands can't hold.

Listen, she says,
Never let the fires go out.
The paler, the hotter.

But I'm thinking, Pale alcove.
I'm thinking, My heart ripens with news
the rest of me waits to hear.

Are you listening?
But I'm not listening.
I'm thinking,

Te conozco más de lo que sé, dice ella.
Mi cuerpo, asombrado, responde a tu cuerpo
sin que yo se lo ordene.

Dentro de ella es el lugar más seguro donde se puede estar.
Dentro de ella, con todos esos otros misterios,
esas inmensidades inminentes:
dios, tiempo, muerte, infancia.

Escucha, ella dice,
Hay algo más.
En cuanto a los incendios, hay dos.
Izquierda y derecha, se vuelven más sabios en la misma casa.
Arriba y abajo, lo superior recubre lo inferior,
y lo inferior se aferra a lo superior.
Dentro y fuera, estas dos iluminaciones
son mil iluminaciones.

Pero estoy pensando,
Mis manos saben cosas que mis ojos no pueden ver.
Mis ojos ven cosas que mis manos no pueden sostener.

Escucha, ella dice,
Nunca dejes que el fuego se apague.
Cuanto más pálido, más caliente.

Pero estoy pensando, una alcoba Pálida.
Estoy pensando, Mi corazón madura con las noticias
que el resto de mí espera escuchar.

¿Estás escuchando?
Pero no estoy escuchando.
Estoy pensando,

A nest of eggs for my crown, please.
And for my cushion, my weight in grapes.

I'm thinking, In one light,
love might look like siege.
In another light, rescue
might look like danger.

She says, The seeds of fire are ours to mother.

The dust, the shavings,
and all spare materials
must be burned in both fires,
the visible and the invisible.

Even the nails burned in them.
Even the tools burned.
And then the oven dismantled and burned.
Have you been hearing me?

For 20,000 years, human groups have thrived
by subtle and not so subtle mechanisms
of expulsion, exclusion, rejection, elimination, and murder.
Fractious multitudes made single
by false transcendences of state
and race. Unruly, disputatious, opining smithereens
and fractions come together over a sacrificial corpse,
a field of corpses, the earth covered with sacrifices.
Rivalrous fragments banded by irresistible want.
Legion united by unbounded appetite and fear
spawning new gods and false prophets every day.

Un nido de huevos para mi corona, por favor.
Y para mi cojín, mi peso en uvas.

Estoy pensando, En una luz,
el amor puede parecer asedio.
En otra luz, el rescate
podría parecer peligroso.

Ella dice, nosotros hemos de nutrir las semillas de fuego.

El polvo, las virutas,
y todos los materiales de repuesto
deben quemarse en ambos fuegos,
los visibles y los invisibles.

Incluso los clavos ardieron en ellos.
Incluso las herramientas se calcinaron.
Y luego el horno desmantelado y quemado.
¿Me has estado escuchando?

Durante 20 000 años, los grupos humanos se han desarrollado
mediante mecanismos sutiles y no tan sutiles
de expulsión, exclusión, rechazo, eliminación y asesinato.
Multitudes díscolas unidas
por trascendencias falsas del Estado
y raza. Bandos y facciones revoltosas, polemistas
y obcecadas, se reúnen sobre un cuerpo sacrificial,
un campo de cadáveres, la tierra cubierta de sacrificios.
Fragmentos antagónicos unidos por un deseo irresistible.
Legión unida por un apetito y un temor ilimitados
que engendra nuevos dioses y falsos profetas todos los días.

Repugnant little pleasure machines,
mesmerized minions of the marketplace, sold
desire, sold conflict by greedy advertisers,
leaving love waxed cold in your wake,
famine, pestilence, and earthquakes your wake,
abomination, desolation, and tribulation your wake.
Violence your wake. One nation under the weapon.
One human city under the banner of murder.
One kalpa under the stumbling block.
One world under the sign of the scapegoat.
One species under the flag of the goat's head.
Well, it's too late for flags.
It's too late
for presidents. It's too late
for movie stars and the profit economy.
It's too late for plutonomy and precariate.
The war is on.
If love doesn't prevail,
who wants to live in this world?
Are you listening?

You thought my body was a tree
in which lived a bird. But now, can't you see
flocks alive in this blazing foliage?
Blue throngs, gold multitudes, and pale congregations.
And each member flits from branch to living branch.
Each is singing at different amplitudes and frequencies.
Each is speaking secrets that will ripen into sentence.
And their voices fan my fragrant smoldering.
Disclosing the indestructible body of law.
Ratifying ancient covenants. Establishing new cities.

Repugnantes máquinas de placer,
secuaces del mercado idiotizados, el deseo
vendido, el conflicto vendido por codiciosos anunciantes,
dejando que el amor se torne frío tras de ti,
hambre, pestilencia y terremotos tras de ti,
abominación, desolación y tribulación tras de ti.
Violencia tras de ti. Una nación subyugada por el arma.
Una ciudad humana bajo el estandarte del asesinato.
Un kalpa bajo el escollo.
Un mundo bajo el signo del chivo expiatorio.
Una especie bajo la bandera de la cabeza de la cabra.
Bueno, es demasiado tarde para las banderas.
Es demasiado tarde
para presidentes. Es demasiado tarde
para las estrellas de cine y la economía del lucro.
Es demasiado tarde para la plutonomía y el precariado.
La guerra continúa.
Si el amor no sale victorioso,
¿quién quiere vivir en este mundo?
¿Estás escuchando?

Pensaste que mi cuerpo era un árbol
en el que vivía un pájaro. Pero ahora, ¿no ves
bandadas vivas en este follaje ardiente?
Gentíos azules, turbas de oro y pálidas cofradías.
Y cada miembro vuela de rama en rama viva.
Cada uno cantando a diferentes amplitudes y frecuencias.
Cada uno hablando secretos que madurarán en una oración.
Y sus voces avivan mi fragante llama.
Revelando el cuerpo de ley indestructible.
Ratificando antiguos convenios. Estableciendo nuevas ciudades.

And their notes time the budding
of your own flowering.
Die now. And climb up into this burning.

Y sus notas marcan el comienzo
de tu propio florecimiento.
Muere ahora. Y asciende a este ardor.

II

II

Spoken For

I didn't know I was blue,
until I heard her sing.

I was never aware so much
had been lost
even before I was born.
There was so much to lose
even before I knew
what it meant to choose.

Born blue,
living blue unconfessed, blue
in concealment, I've lived all my life
at the plinth
of greater things than me.

Morning is greater
with its firstborn light and birdsong.
Noon is taller, though a moment's realm.
Evening is ancient and immense, and
night's storied house more huge.

But I had no idea.
And would have died without a clue,
except she began to sing. And I understood

my soul is a bride enthralled by an unmet groom,
or else the groom wholly spoken for, blue
in ardor, happy in eternal waiting.

Comprometido

No sabía que estaba melancólico,
hasta que la oí cantar.

Nunca fui consciente de cuánto
se había perdido
incluso antes de nacer.
Había tanto que perder
incluso antes de saber
lo que significaba elegir.

Nací melancólico,
viviendo una melancolía inconfesa, melancólico
encubierto, he vivido toda mi vida
en el pedestal
de cosas más grandiosas que yo.

La mañana acrece
con su primera luz y el canto del ave.
El mediodía es más alto, aunque sea por un momento.
La tarde es antigua e inmensa, y
la legendaria casa nocturna, más grande.

Pero no tenía idea.
Y hubiera muerto ignorante,
excepto que ella comenzó a cantar. Y comprendí

que mi alma es una novia cautivada por un novio aún sin conocer,
o bien el novio ya comprometido, llama
azul, feliz en la eterna espera.

I heard her sing and knew
I would never hear the true
name of each thing
until I realized the abysmal
ground of all things. Her singing
touched that ground in me.

Now, dying of my life, everything is made new.
Now, my life is not my life. I have no life
apart from all of life.

And my death is not my death,
but a pillow beneath my head, a rock
propping the window open
to admit the jasmine.

I heard her sing,
and I'm no longer afraid.
Now that I know what she knows, I hope
never to forget
how giant the gone
and immaculate the going.
How much I've already lost.
How much I go on losing.
How much I've lived
all one blue. O, how much
I go on living.

La escuché cantar y supe
que nunca volvería a escuchar el verdadero
nombre de cada cosa
hasta percatarme del fundamento
abismal de las cosas. Su canto
alcanzó esa fibra en mí.

Ahora, muriendo de mi vida, todo se vuelve nuevo.
Ahora, mi vida no es mi vida. No tengo vida
aparte de toda la vida.

Y mi muerte no es mi muerte,
sino una almohada bajo mi cabeza, una roca
que sostiene la ventana abierta
para dejar entrar el jazmín.

La escuché cantar,
y ya no tengo miedo.
Ahora que sé lo que ella sabe, espero
nunca olvidar
cuán grandes los que ya partieron
e inmaculados los que partirán.
Cuánto he perdido ya.
Cuánto sigo perdiendo.
Cuánto he vivido
todo melancólico. Oh, cuánto
continuaré viviendo.

I Loved You Before I Was Born

I loved you before I was born.
It doesn't make sense, I know.

I saw your eyes before I had eyes to see.
And I've lived longing
for your every look ever since.
That longing entered time as this body.
And the longing grew as this body waxed.
And the longing grows as this body wanes.
That longing will outlive this body.

I loved you before I was born.
It makes no sense, I know.

Long before eternity, I caught a glimpse
of your neck and shoulders, your ankles and toes.
And I've been lonely for you from that instant.
That loneliness appeared on earth as this body.
And my share of time has been nothing
but your name outrunning my ever saying it clearly.
Your face fleeing my ever
kissing it firmly once on the mouth.

In longing, I am most myself, rapt,
my lamp mortal, my light
hidden and singing.

I give you my blank heart.
Please write on it
what you wish.

Te amé incluso antes de nacer

Te amé incluso antes de nacer.
No tiene sentido, lo sé.

Vi tus ojos antes de que tuviera ojos para ver.
Y desde entonces he vivido
anhelando cada una de tus miradas.
Ese anhelo entró en el tiempo con la forma de este cuerpo.
Y el anhelo creció mientras este cuerpo engrandecía.
Y el anhelo crece en la medida en que este cuerpo mengua.
Ese anhelo sobrevivirá a este cuerpo.

Te amé incluso antes de nacer.
No tiene sentido, lo sé.

Mucho antes de la eternidad, vislumbré
tu cuello y hombros, tus tobillos y los dedos de tus pies.
Y desde ese instante te he añorado.
Esa soledad apareció en la tierra como este cuerpo.
Y mi parte del tiempo no ha sido otra cosa
que tu nombre evitando que lo pronuncie claramente.
Tu cara que rehúye
a que la bese firmemente sobre la boca.

En el anhelo, es cuando más soy yo mismo, absorto,
mi lámpara mortal, mi luz
oculta y entonando una canción.

Te doy mi corazón en blanco.
Por favor escribe en él
lo que desees.

Adore

(adore, verb, from Latin, *adorare*,
from *ad-* 'to' + *orare-* 'speak, call, pray')

You lie asleep beside me,
one hand on the pillow and cupped
at your mouth, as if to tell a secret.

As if you might say in your sleep
what you could never find
words for awake.

Or as if you called
across a din of other voices,
or the howl of empty space. Calling

because there are no bells
to strike the hours where we live. And I must know
when to kneel and when to rise.
What to praise and what to curse.
I must know how to bless
and how to receive blessing.

One hand on your pillow and cupped
at your mouth,
as if you spoke a word
you'd kept to yourself all day, waiting
for your most unguarded moment
to say, a thought meant for me, meant to be
shared between us this way,

Adorar

(adorar, verbo, del latín, *adorare*,
de *ad-* «a» + *orare-* «hablar, llamar, orar»).

Yaces dormida junta a mí,
una mano sobre la almohada y ahuecada
alrededor de tu boca, como si fueses a contar un secreto.

Como si en tus sueños fueses a decir
lo que nunca podrías encontrar
en palabras que te expresen.

O como si llamaras
a través del estruendo de otras voces,
o el aullido del espacio vacío. Llamando

porque no hay campanas
para marcar las horas donde vivimos. Y necesito saber
cuándo arrodillarme y cuándo levantarme.
Qué alabar y qué maldecir.
Necesito saber cómo bendecir
y cómo recibir bendiciones.

Una mano sobre tu almohada y ahuecada
alrededor de tu boca,
como si pronunciaras una palabra
que te guardaste todo el día, esperando
que llegara tu momento más desinhibido
para expresar, un pensamiento dirigido a mí, para ser
compartido por los dos de esta manera,

sealed this way, a secret
no voice can carry without destroying,
a word without carriage, except conveyed
in the peace of your body and face,

a word born out of your deepest rest, a word
which only my own deepest breathing
and happiest rest beside you,
face to face, free of thinking, can sustain.

Maybe you had to be asleep
to say what you knew to be true.
Or what you had to say
you might not could bear to hear,
and so must say so softly
I must close my eyes, I must turn
inward, to where you've made a room
and a bed inside me, to receive it.

You say:
We cannot look upon Love's face without dying.
So we face each other to see Love's look.
And thus third-person souls
suddenly stand at gaze
and the lover and the beloved,
second- and first-persons,
You and I, eye
to eye, are born.
But such refraction, multiplying gazes, strews
Love's eye upon the objects of the world,
as upon the objects of our room.

My brush, hairpin, mirror, book,

sellado como un secreto
que ninguna voz puede pronunciar sin destruir,
una palabra que no se puede transmitir, sino expresada
en la paz de tu cuerpo y tu rostro,

una palabra nacida de tu descanso más profundo, una palabra
que sólo mi propia respiración más profunda
y feliz descanso a tu lado,
cara a cara, libre de pensamiento, puede sostener.

Quizás tenías que estar dormida
para decir lo que en tu corazón sabías era verdad.
O quizás lo que tenías que decir
no soportaras escucharlo,
por lo que debías decirlo suavemente.
Debo cerrar los ojos, debo volverme
hacia adentro, hasta donde has hecho una habitación
y una cama dentro de mí, para recibirlo.

Tú dices:
No podemos mirar el Amor a la cara sin morir.
Así que nos miramos el uno al otro para ver el rostro del Amor.
De manera que las almas en tercera persona
de repente se detienen y se miran
y el amante y la amada,
en segunda y tercera persona,
Tú y Yo, frente
a frente, nacemos.
Pero esa refracción, al multiplicar las miradas, proyecta
el ojo del Amor sobre los objetos del mundo,
al igual que sobre los objetos de nuestra habitación.

Mi cepillo, horquilla, espejo, libro,

your loving look finds each of these things
lovable, I can see. Things
by any other measure poor, your look crowns
to make them your heart's royalty.

Face, blush, breath, eyes, evanescent,
pledged to death, nowhere stored,
Love's look gathers within its fondling
to adore.

This strewing and gathering
of Love's face, of Love's gaze, and only this,
begun in death's audience, is the founding
action, call it the fundamental
paradise ... did I say paradise?
I meant paradox ... the fundamental paradox
of the breaths we breathe,
the thoughts we witness,
the kisses we exchange,
and every poem you write.

noto cómo tu mirada amorosa repasa cada una de
de estas cosas y las encuentra adorables. Cosas
que desde otra mirada serían pobres, tus ojos coronan
para volverlas en la realeza de tu corazón.

Rostro, sonrojo, aliento, ojos, evanescente,
comprometido hasta la muerte, al descubierto,
la mirada del Amor se recoge dentro de sus caricias
para adorar.

Este desperdigar y aglomerar
del rostro del Amor, de la mirada del Amor, y sólo esto,
iniciado en el público de la muerte, es la acción
fundadora, llámalo el paraíso
fundamental... ¿dije el paraíso?
Quise decir paradoja... la paradoja fundamental
de las respiraciones que respiramos,
los pensamientos que presenciamos,
los besos que intercambiamos,
y cada poema que escribes.

Ceremony of the Intended

The morning I died was the day we wed, Love.

Falling from my father's apple tree,
it wasn't the bright gazes
of the pink and white blossoms
killed me. Nor was it
by the glare of their unblinking stares I perished.
It wasn't their lightning felled me,
rung my head like a bell.
And it was not the earth.
Never blame the earth.
What seizes the eye is never guilty
as the eye is guilty.

Coming back to life
in my mother's lap, I heard astonished voices swarm
like bees throughout the sunlit branches,
whispering, "He's awake."
"He'd turned blue, he'd stopped breathing."
"Now, he'll remember he's betrothed."
"Now, he'll know the names of things."
"Now, he'll write and read."
That was the morning of the day
you and I first married.

Do you remember my proposal
on the hill behind my parents' house?
Do you remember the paper ring
I offered you, setting it on a scale?
And your glad acceptance,

Ceremonia de los prometidos

La mañana en que morí fue el día en que nos casamos, Amor.

Cayendo del manzano de mi padre,
no fueron las miradas radiantes
de las flores rosadas y blancas
las que me mataron. Tampoco fue
por el brillo de sus miradas sin pestañear que perecí.
No fue su rayo el que me derribó,
resonó en mi cabeza como una campana.
Y no era la tierra.
Nunca culpes a la tierra.
Lo que llama la atención del ojo nunca es tan culpable
como el propio ojo.

Regresando a la vida
en el regazo de mi madre, escuché voces atónitas pululando
como abejas entre las ramas iluminadas por el sol,
susurrando: «Está despierto».
«Se había puesto azul, había dejado de respirar».
«Ahora, recordará que está comprometido».
«Ahora, sabrá los nombres de las cosas».
«Ahora, escribirá y leerá».
Esa fue la mañana del día
en que tú y yo nos casamos por primera vez.

¿Recuerdas cuando te propuse matrimonio
en la colina detrás de la casa de mis padres?
¿Recuerdas el anillo de papel
que te ofrecí, colocándolo en una balanza?
¿Y tu alegre aceptación,

raising your childish heart, so light,
onto the opposite pan?

And your heart's sudden gravity sunk that pan.
And the ring turned gold.

Love, I remember,
after our secret ceremony on that windy hilltop,
I heard my name, and I turned and ran
toward the ones who called me back,

toward lights lit and voices congregating
at a long table spread for a meal under a tree.
I flew down, knowing
we were promised to each before time.

colocando tu corazón infantil, tan ligero,
en la bandeja opuesta?

Y la repentina gravedad de tu corazón hundió esa bandeja.
Y el anillo se volvió de oro.

Amor, recuerdo
que después de nuestra ceremonia secreta en esa colina ventosa,
escuché mi nombre, y me volví y corrí
hacia los que me devolvieron la llamada,

hacia luces encendidas y voces que se congregaban
en una larga mesa puesta para una comida debajo de un árbol.
Volé hacia abajo, sabiendo
que desde siempre estuvimos destinados a encontrarnos.

Stolen Good

I flushed twin doves
from my father's unmown field.
I missed them with my rocks and sling,
but brought them to their knees
with a shout of my father's name.

This was before rivers had names
other than names for my father.
It was even before there were numbers,
those fearsome first angels.
Well before the wind learned to speak
in the past tense,
long before it started crossing
into the future
by leaving behind all of its faces but one.

Watching my quarry tumble down the sky,
I began to long
to be born, to become
one of the heirs to the sorrows
of hunger, the rites of slaughter,
and the several names of desire and death.

The nearer I came to the place
where my game lay stunned, the more I yearned
for a new reckoning of fire and clay,
a new ratio of body and song,
just proportions of world and cry.

Objeto robado

Derribé dos palomas gemelas
del campo sin segar de mi padre.
No las alcancé con mis piedras y mi honda,
pero las derroté
con un grito del nombre de mi padre.

Esto fue antes de que los ríos tuvieran nombres
distintos a los nombres de mi padre.
Fue incluso antes de que hubiese números,
esos temibles primeros ángeles.
Mucho antes de que el viento aprendiera a hablar
en tiempo pasado,
mucho antes de que comenzara a cruzar
hacia el futuro
dejando atrás todos sus rostros salvo uno.

Observando cómo caía mi presa por el cielo,
comencé a anhelar
nacer, convertirme
en uno de los herederos de las penas
del hambre, los ritos de la matanza,
y los varios nombres para el deseo y la muerte.

Cuanto más me acercaba al lugar
donde mi presa yacía aturdida, más anhelaba
un nuevo cálculo de fuego y arcilla,
un nuevo ratio de cuerpo y canción,
justas proporciones de mundo y llanto.

By the time I knelt over my spoil,
all of the light had withdrawn
to above the trees
and become an immense, bright ghost in the sky.

In the rearing shadow of the earth,
I stood up, my voice fugitive, my name vagabond,
a cursed and grieving brother
of every winged thing.

Inheritor of the sign of the violent
and the victim,
I awaited my true bride.

Para cuando me había arrodillado en mi botín,
toda la luz se encontraba
encima de los árboles
hasta convertirse en un fantasma inmenso y brillante en el cielo.

En la sombra trasera de la tierra,
me puse de pie, mi voz fugaz, mi nombre vagabundo,
un hermano maldito y afligido
de cada cosa alada.

Heredero del signo de los violentos
y de la víctima,
esperé a mi verdadera prometida.

III

III

Our Secret Share

1.
Was it Vladimir Lenin said,
You have to crack a few
eggs to make an omelet?

It was Thomas Jefferson counseled, The tree of liberty
must be periodically watered with blood.

And to begin the first Crusade
in the eleventh century, Pope Urban II declared,
God wills it!

And to begin the Albigensian Crusade
in the thirteenth century, papal legate Arnaud Amalric,
in a white choir robe, urged the doubtful soldiers,
Kill them all!
Let God sort out His own!

War can only be abolished through war,
and in order to get rid of the gun, you must
take up the gun, said Chairman Mao.

And Friedrich Nietzsche wrote,
Weak and base, pity stands opposed
to the restorative emotions which heighten vitality.
We are deprived of life when we feel pity.

Funny, the things you remember,
lying awake at night.

Nuestra parte secreta

1.
¿Fue Vladimir Lenin quien dijo,
No se puede hacer una tortilla
sin romper algunos huevos?

Fue Thomas Jefferson quien aconsejó, El árbol de la libertad
debe ser vigorizado de vez en cuando con sangre.

Y para comenzar la primera Cruzada
en el siglo XI, el Papa Urbano II declaró:
¡Dios lo quiere!

Y para inaugurar la Cruzada Albigense
en el siglo XIII, el legado papal Arnaud Amalric,
con una túnica de coro blanca, instó a los soldados dudosos,
¡Matadlos a todos!
¡Dejad que Dios catalogue a los Suyos!

La guerra sólo se puede abolir mediante la guerra,
y para acabar con los fusiles, se debe
empuñar el fusil, dijo el presidente Mao.

Y Friedrich Nietzsche escribió,
Débil y baja, la piedad se opone
a las emociones restauradoras que aumentan la vitalidad.
Nos privamos de la vida cuando sentimos lástima.

Es curioso, las cosas que recuerdas
cuando no puedes dormir por la noche.

2.

The Solo is a river in Indonesia.
My sister crosses it on a narrow skiff
piloted by a ferryman in a grass hat.
Behind him, she stands
still and straight beside her bicycle.
Their reflections slide along beneath them in the water.
And I wait for her.

My sister is in possession of one part
of a word
whose other part is in my keeping.
And as long as she never arrives,
as long as she never reaches the bank
on which I stand in recess from the minutes,
the ferryman will never lift her bicycle
out of the boat to set it on the ground,
my sister will never lay a coin in the man's open palm,
then jump onto the bike with me on the back,
and we'll never ride together home
to find the revolution has just begun,
liberation is at hand,
and the killing has already started
and will go on into the night
and the next day, night and day, day and night.
Funny, as long as her portion of the word
and my portion of the word
remain separate shares,
day never turns into night,
and my sister remains balanced forever
in the air above the watery girl
upside down below her,
and nobody dies.

2.

El Solo es un río en Indonesia.
Mi hermana lo cruza en un esquife estrecho
pilotado por un barquero con un sombrero de paja.
Detrás de él, ella se mantiene de pie
quieta y recta al lado de su bicicleta.
Sus reflejos se deslizan debajo en el agua.
Y yo la espero.

Mi hermana tiene en su poder una parte
de una palabra
cuya otra parte tengo bajo resguardo.
Y mientras ella no llegue
siempre y cuando no alcance la orilla
en la cual me encuentro en el receso de los minutos,
el barquero nunca sacará su bicicleta
del bote para colocarla en el suelo,
mi hermana nunca pondrá una moneda en la palma del hombre,
para luego subirse a la bicicleta conmigo en la parte trasera,
y nunca llegaremos juntos a casa
para saber que la revolución ha estallado
y que la liberación está próxima,
y la matanza ya ha comenzado
y continuará hasta muy entrada la noche,
y al día siguiente, noche y día, día y noche.
Es curioso, siempre y cuando su parte de la palabra
y mi parte de la palabra
se mantengan como partes independientes,
el día nunca se convertirá en noche,
y mi hermana permanecerá para siempre equilibrada
en el aire sobre la chica líquida
boca abajo debajo de ella,
y nadie muere.

3.
My childhood is two facing pages
in The Book of Childhood.

Open, the left-hand page begins:
They hated us without a cause.

And the right-hand page ends:
The fire had not harmed our bodies,
nor was a hair of our heads singed.

Funny, each one born receives
two pages in that great book,
and neither page is written by the child.

4.
After nineteen months in prison, eight of those in a leper
colony—and he never got leprosy—my father was
unrecognizable to me. So when I spied my mother slipping
him a bar of soap during our visit, at which time we were
allowed to stroll the prison yard together, I thought that
strange man had thieved it from her. As the guards were
returning him to his cell, I ran after them and snatched the
soap out of my father's pocket, exposing my parents' ploy. The
guards had a good laugh when they discovered what was
happening. Funny thing is, my father later told me, they didn't
punish him that time, though in the past he'd been tortured
for lesser offenses. The reason was he'd been teaching the
prison guards in secret, at their request, to read and write in
English, using the King James Bible.

3.
Mi infancia son dos páginas centrales
en El Libro de la Infancia.

Abierto, la página de la izquierda comienza:
Nos odiaban sin causa.

Y la página de la derecha termina:
El fuego no había dañado nuestros cuerpos,
ni un cabello de nuestras cabezas se había chamuscado.

Es curioso, cada niño que nace
recibe dos páginas en ese gran libro,
y ninguna de las páginas está escrita por el niño.

4.
Después de diecinueve meses en prisión, ocho de ellos en una
leprosería (y él nunca tuvo lepra), mi padre estaba irreconocible.
Así que cuando vi a mi madre pasarle con gran disimulo una
pastilla de jabón durante nuestra visita, en ese momento se nos
permitía pasear juntos por el patio de la prisión, pensé que aquel
hombre extraño se lo había robado. Cuando los guardias lo
devolvían a su celda, corrí tras ellos y cogí el jabón del bolsillo de
mi padre, delatando a mis padres. Los guardias se echaron a reír
cuando descubrieron lo que estaba sucediendo. Curiosamente,
según mi padre me contó tiempo después, los guardias no
lo castigaron en esa ocasión, aunque en el pasado había sido
torturado por infracciones menores. La razón era que, a petición
de los guardias de la prisión, les había estado enseñando a leer y
escribir en inglés, usando la Biblia del rey Jacobo.

5.

And my brother says, When I heard the student mob
stampeding up the apartment building's stairwell that
morning, I jumped out of bed, pulled on my shoes, and
crawled out of my bedroom window. Crouched on a ledge,
undetected, I saw, through a neighbors' kitchen window,
catty-cornered one floor below, their grandmother in a
chair surrounded by angry students carrying wooden clubs,
metal pipes, and kitchen knives. Dressed in school uniforms,
middle- and high-school-aged, they were all shouting at
the old woman when one of them hit her across both eyes
with his club, not so hard as to knock her out, but hard
enough her nose began to bleed, and she cried out, "I can't
see! I can't see!" at which those children burst out laughing.
Startled, I fell backwards off the ledge into some trees
growing along the hill behind the building. Funny thing
is, falling through the treetops saved my life, but plunging
through the branches pulled my pajama pants nearly off,
and when the old lady started really screaming—I guess by
then they must have begun stabbing her, I mean, I heard later
that when her son found her, she was full of holes, her body
sticky with blood and gaping wounds—anyway, I could hear
her howling and begging even as I tumbled down the hill
head over heels, one shoe on, one shoe flying in the air, my
pants around my knees, and my dick out and slapping every
which way. I must have rolled for a hundred yards like that
before I hit the bottom. When I got back to my feet,
I pulled up my pants and raised my eyes to see a crowd
of young revolutionaries standing along the ridge of the
slope, all of them armed, all of them pointing at me and
hurling insults. The hillside was too long and steep for them
to follow me, and I bolted with my one shoe. I kept running
for three days.

5.

Y mi hermano dice: cuando escuché la estampida de la muchedumbre de estudiantes corriendo por la escalera del edificio de apartamentos esa mañana, salté de la cama, me puse los zapatos y me escurrí por la ventana de mi habitación. De cuclillas sobre el alféizar para no ser detectado, observé a la abuela de los vecinos a través de la ventana de su cocina un piso más abajo rodeada de estudiantes enfurecidos cargando garrotes de madera, tubos metálicos y cuchillos de cocina. Con sus uniformes escolares, aparentaban edad de secundaria e instituto. Todos gritaban a la anciana cuando uno de ellos la golpeó en medio de los ojos con su garrote, no como para noquearla, pero lo suficientemente fuerte como para que su nariz comenzara a sangrar, y ella gritó: «¡No puedo ver! ¡No puedo ver!», a lo que aquellos chicos se echaron a reír. Sorprendido, resbalé del alféizar cayendo sobre algunos árboles que crecen a lo largo de la colina detrás del edificio. Si bien el haber caído a través de las copas de los árboles fue lo que salvó mi vida, pasar por entre las ramas casi me quita por completo los pantalones del pijama. Mientras caía, podía escuchar los gritos de la anciana –supongo que para entonces debían haber comenzado a apuñalarla, quiero decir, escuche más tarde que cuando su hijo la encontró, estaba llena de agujeros, su cuerpo pegajoso con sangre y heridas abiertas– en cualquier caso, podía escucharla llorando y suplicando incluso mientras rodaba colina abajo, un zapato puesto y el otro volando en el aire, mis pantalones por las rodillas y mi pene hacia fuera sacudiéndose de un lado a otro. Debo haber rodado más de noventa metros de esta manera antes de tocar fondo. Cuando por fin me puse de pie, me subí los pantalones y levanté la mirada para ver una multitud de jóvenes revolucionarios de pie a lo largo del borde de la ladera, todos ellos armados, todos ellos apuntando hacia mí y lanzando insultos. La ladera era demasiado larga y empinada como para que me siguieran, por lo que logré escaparme con un zapato. No pare de correr durante tres días.

After he stops laughing, my brother asks, Hey, did I ever tell you about the time I fainted while hiding in an outhouse and woke up covered in piss? I'd passed out from the smell and weeks of hunger on the road.

6.
Funny. Add them up, and the sleepless nights
of each brief life
amount to less than brief.
And yet, the while of each watch can so outstretch
all reach of counting, measure, or bearing
we find ourselves beyond
compass or echo

location, too late for childhood,
too early for God,
and man only a possibility.

7.
Funny. Each night that I fall asleep to the sound of rain,
I think I'll wake up the following morning in a meadow,

part of an old stone wall,
robed in clover,
a willow king at the scarecrow ball.

8.
My brother telephones from China and it's dawn there.
The tea growers are picking the leaves
along tiered slopes of green hills
south of the city where he
and our mother were born.

Una vez que deja de reír, mi hermano pregunta: ¿Oye, alguna vez
te conté sobre la vez que me desmayé mientras me escondía en
una letrina y me desperté cubierto de orina? Me había
desmayado por el olor y las semanas de hambre en el camino.

6.
Es curioso. Añádelas, y las noches de insomnio
de cada breve vida
no alcanzan esa brevedad.
Y, sin embargo, el tiempo de cada reloj puede extender
todo alcance de cuenteo, medida o comportamiento
como para que nos encontremos más allá
de la brújula o el eco

ubicación, demasiado tarde para la infancia,
demasiado temprano para Dios,
y el Hombre tan sólo una posibilidad.

7.
Curioso. Cada noche que me duermo con el sonido de la lluvia,
creo que me despertaré a la mañana siguiente en un prado,

parte de un viejo muro de piedra,
vestido de trébol,
un rey de sauce en un banquete de espantapájaros.

8.
Mi hermano telefonea desde China donde ya amanece.
Los productores de té están recogiendo las hojas
a lo largo de escalonadas laderas de verdes colinas
al sur de la ciudad donde nacieron
nuestra madre y él.

Where I am, apple blossoms are flying
in the moonlight. The falling petals make a river glimpsed
through trees. They are a girl going
a little at a time. They signal
a later ripening, consummation, and greater commencement.

My brother says, "I'll drink three cups
alone this morning,
one for you, one for her, and one for me."

He tells me if I go to the window and look
I'll see the gibbous moon's gray face
and part of the darker
face behind it I almost know.
"Look at the moon," he says, "Mark the time."

Funny. Between my brother and I,
the one who's dreaming is still alive,
while the one who's dead is just beginning his day.

Between two brothers, both beyond time,
the dead one is afraid the living one will be late.
While the one who's alive goes on talking in his sleep.

I think I'll go to the window
and beg the moon for three apples from her trove.
One for the living, one for the dead, and one for you.

9.
My mother hangs her small hand
on the back of my neck and leans
forward to rest her forehead to my forehead.
I hold her other hand in both of mine.

Donde yo me encuentro, las flores del manzano vuelan
a la luz de la luna. Los pétalos que caen parecen un río que se ve
a través de árboles. Son una chica que va
de poco en poco. Señalan
una lenta maduración, consumación y mayor comienzo.

Mi hermano dice, «Esta mañana
beberé tres tazas solo,
una para ti, una para ella y otra para mí».

Me dice que si me acerco y miro por la ventana
veré la cara gris de la luna gibosa
y parte de la cara
trasera más oscura que casi conozco.
«Mira a la luna», dice, «Marca la hora».

Es curioso. Entre mi hermano y yo,
el que está soñando todavía está vivo,
mientras que el que está muerto recién comienza su día.

Entre dos hermanos, ambos más allá del tiempo,
el muerto tiene miedo de que el vivo llegue tarde.
Mientras que el que está vivo sigue hablando mientras duerme.

Creo que iré a la ventana
y rogaré a la luna por tres manzanas de su colección.
Una para los vivos, una para los muertos y una para ti.

9.
Mi madre posa su pequeña mano
en mi nuca y se inclina hacia
adelante para apoyar su frente en mi frente.
Sostengo su otra mano entre las mías.

Thus we sit, breathe together,
and neither of us speaks.

Funny. There are tears a mother must singly weep.
There are tears a son must weep by himself.
There are tears a woman must unaccompanied weep.
There are tears only a man in secret can weep.

My mother lives in possession
of one part of something unspeakable,
the other part of which
I keep, her gift to me. And as long
as what she won't say
and what I'll never tell
remain our secret share
of the world's unread history,
the unspoken weds the unspoken
face to face in the silence between us,
and both of our hearts knit
to remain intact.

Both of us will have to wait
until we're each alone to weep.

Así nos sentamos, respiramos juntos,
sin que ninguno de los dos pronuncie palabra.

Es curioso. Hay lágrimas que una madre debe llorar sola.
Hay lágrimas que un hijo debe llorar en la soledad.
Hay lágrimas que una mujer debe llorar sin compañía.
Hay lágrimas que solo un hombre puede llorar, en secreto.

Mi madre tiene en su poder
una parte de algo indecible,
la otra parte de la cual
guardo yo, su regalo para mí. Y mientras
que lo que ella no diga
y lo que yo nunca contaré
permanezcan en nuestra parte secreta
de la historia del mundo jamás contada,
lo callado se casa con lo callado,
cara a cara en el silencio entre nosotros,
y nuestros corazones se unen
para permanecer intactos.

Ambos tendremos que esperar
hasta que estemos solos para llorar.

Folding a Five-Cornered Star So the Corners Meet

This sadness I feel tonight is not my sadness.

Maybe it's my father's.
For having never been prized by his father.
For having never profited by his son.

This loneliness is Nobody's. Nobody's lonely
because Nobody was never born
and will never die.

This gloom is Someone Else's.
Someone Else is gloomy
because he's always someone else.

For so many years, I answered to a name,
and I can't say who answered.

Mister Know Nothing? Brother Inconsolable?
Sister Every Secret? Anybody? Somebody?

Somebody thinks:
With death for a bedfellow,
how could thinking be anything but restless?

Somebody thinks: *God, I turn my hand facedown*
and You are You and I am me.

I turn my hand faceup
and You are the I
and I am your Thee.

Doblando una estrella de cinco puntas para que las puntas toquen

Esta tristeza que siento esta noche no es mi tristeza.

Quizás sea de mi padre.
Por nunca haber sido apreciado por su padre.
Por nunca haber sacado provecho de su hijo.

Esta soledad es de Nadie. Nadie está solo
porque Nadie nunca nació
y nunca morirá.

Esta melancolía es de Alguien Más.
Alguien Más está melancólico
porque siempre es alguien más.

Durante muchos años contesté a un nombre,
y no puedo decir quién respondió.

¿El Señor No Sé Nada? ¿Hermano Inconsolable?
¿Hermana Cada Secreto? ¿Nadie? ¿Alguien?

Alguien piensa:
Con la muerte como compañera de cama,
¿cómo puede uno pensar tranquilo?

Alguien piensa: *Dios, vuelvo mi mano hacia abajo*
y Tú eres Tú y yo soy yo.

Vuelvo mi mano hacia arriba
y Tú eres el yo
y yo soy tu Tú.

What happens when you turn your hand?

Lord, remember me.
I was born in the City of Victory,
on a street called Jalan Industri, where
each morning, the man selling rice cakes went by
pushing his cart, its little steamer whistling,
while at his waist, at the end of a red string,
a little brass bell
shivered into a fine, steady seizure.

This sleeplessness is not my sleeplessness.
It must be the stars' insomnia.
And I am their earthbound descendant.

Someone, Anyone, No One, me, and Someone Else.
Five in a bed, and none of us can sleep.
Five in one body, begotten, not made.
And the sorrow we bear together is none of ours.
Maybe it's Yours, God.
For living so near to Your creatures.
For suffering so many incarnations unknown to Yourself.
For remaining strange to lovers and friends,
and then outliving them and all of their names for You.
For living sometimes for years without a name.
And all of Your springtimes disheveled.
And all of Your winters one winter.

¿Qué pasa cuando das la vuelta a tu mano?

Señor, acuérdate de mí,
nací en la Ciudad de la Victoria,
en una calle llamada Jalan Industri, donde
cada mañana, el hombre que vendía pasteles de arroz pasaba
empujando su carrito, su pequeña vaporera silbando,
mientras que, en su cintura, al final de una cuerda roja,
una pequeña campana de bronce
se estremecía en una afable y constante convulsión.

Este insomnio no es mi insomnio,
Debe ser el insomnio de las estrellas.
Y yo soy su descendiente aquí en la tierra.

Alguien, Cualquiera, Nadie, yo y Alguien Más.
Cinco en una cama, y ninguno puede dormir.
Cinco en un solo cuerpo, engendrado no creado.
Y el dolor que soportamos juntos no es nuestro.
Quizás sea Tuyo, Dios.
Por vivir tan cerca de Tus criaturas.
Por sufrir tantas encarnaciones desconocidas para Ti.
Por permanecer extraño a los amantes y amigos,
y luego sobreviviéndolos a ellos y todos sus nombres para Ti.
Por vivir a veces hasta años sin un nombre.
Y todas Tus primaveras desaliñadas.
Y todos Tus inviernos un invierno.

God is Burning

Through an open wound in God's left side,
springtime enters into the world,
sticky, green, with a taste of iron.
That's not the wound I hurt from.

There's a dull pain in God's right hip,
around which throbbing axis
all worlds, visible and invisible, revolve.
That's not the pain that keeps me awake at night.

God is poor, naked, and alone.
But not the way the wren is poor.
And even the wood thrush has feathers.
Even mice have coats. Even cows have hides.

And God's not alone the way I'm alone,
my whole life merely a commentary on those verses:
You are as close to us as breathing, yet
You are farther than the farthermost star.

The sigh God sighed long ago
birthed lighted eons dying in time.
The sigh I sigh upon remembering Cain was my brother,
and so was Abel, fans every lit cell of me,

breathing, naked, hungry, thirsty, and sore
since birth, into an open tear, a burning tear

Dios arde

A través de una herida abierta en el costado izquierdo de Dios,
la primavera entra en el mundo,
pegajosa, verde, con sabor a hierro.
Ésa no es la herida que me lastima.

Hay un dolor constante en la cadera derecha de Dios,
alrededor del cual gira el eje palpitante
de todos los mundos, visibles e invisibles.
Ése no es el dolor que me mantiene despierto por las noches.

Dios es pobre, está desnudo y solo.
Pero no como lo es el troglodita.[1]
E incluso el zorzal del bosque tiene plumas.
Incluso los ratones tienen abrigos. Incluso las vacas tienen pieles.

Y Dios no está solo de la manera en que yo estoy solo,
mi vida entera un mero comentario sobre esos versos:
*Estás tan cerca de nosotros como la respiración, pero al mismo
tiempo tan lejos como la estrella más lejana.*

El suspiro que Dios suspiró hace mucho tiempo
dio a luz a eones encendidos que murieron con el tiempo.
El suspiro que yo suspiré al recordar que Caín era mi hermano,
como también lo era Abel, aviva cada célula encendida en mí,

respirando, desnudo, hambriento, sediento y dolorido
desde mi nacimiento, en una rasgadura abierta, ardiente

---

[1]   N. del Ed.: se refiere al pájaro *(Troglodytes troglodytes)*, también denominado chochín
común.

through which God surveys creation,
each a wet and living eye
in which God binds the Alpha and the Omega.

a través de la cual Dios vigila su creación,
cada una un ojo mojado y vivo
en el cual Dios une el alfa y el omega.

Three Words

God-My-Father gave me three words:
O-My-Love.
O-My-God.
Holy-Holy-Holy.

God-My-Mother's wounds will never heal.

God-My-Brother is always alone in the library.

Meanwhile, I can't remember
how many brothers I have.

God-My-Sister, combing the knots out of my hair,
says that's because
so many brothers died before I learned to count,
and the ones who died after I acquired arithmetic
so exceeded the number of brothers still alive.

God-My-Father gave me three words to live by.
O-My-Love. O-My-God. Holy-Holy-Holy.

Why won't God-My-Mother's wounds heal?
Wounding myself doesn't cauterize her wounds.
Another wound to her won't seal her open blooms.

Her voice is a flowering tree struck by lightning.
It goes on greening and flowering,
but come petal-fall, its blossoms dropping
thunder so loud I must cover my ears to hear her.

Tres palabras

Dios-Mi-Padre me dio tres palabras:
Oh-Mi-Amor.
Oh-Mi-Dios.
Santo-Santo-Santo.

Las heridas de Dios-Mi-Madre nunca sanarán.

Dios-Mi-Hermano siempre está solo en la biblioteca.

Mientras tanto, yo no puedo recordar
cuántos hermanos tengo.

Dios-Mi-Hermana, cepillando los nudos de mi cabello,
dice que eso se debe a que
tantos hermanos murieron antes de que yo aprendiera a contar,
y los que murieron después de que me instruí en la aritmética
excedieron por mucho el número de hermanos aún con vida.

Dios-Mi-Padre me dio tres palabras para que guiaran mi vida.
Oh-Mi-Amor. Oh-Mi-Dios. Santo-Santo-Santo.

¿Por qué no sanan las heridas de Dios-Mi-Madre?
Autoinflingirme heridas no cauterizará las suyas.
Herirla nuevamente no sellará sus heridas abiertas.

Su voz es un árbol en flor golpeado por un rayo.
Sigue enverdeciendo y floreciendo,
pero cuando caigan sus pétalos, sus flores caen con el estruendo
de un trueno, tan fuerte que me tapo los oídos para escucharla.

Meanwhile, God-My-Brother spends every afternoon
alone with the books God-My-Father writes.

Some days he looks up
from a page, wearing the very face of horror.
Ask him what's the matter
and he'll stare into your eyes and whisper, "Murder!"
He'll howl, "Murder!" He'll scream, "Murder!"
Until he's hoarse or exhausted.
Or until God-My-Sister sits him down,
combs and braids his hair,
and sorts his dreams.

I'm counting out loud all of my brothers' names,
the living and the dead, on my fingers.
But the list is long,
leading back to the beginning
of the building of the first human cities,
and I keep losing my place and starting over.
Once, I remembered them all
except the first pair.

God-My-Sister says I must never say those names, never
pronounce the names of that first pair of brothers
within earshot of God-My-Brother.

God-My-Father gave me only three words.
How will I ever learn to talk like other people?

God-My-Mother sings, and her voice
comes like winter to break open the seeds.

Mientras tanto, Dios-Mi-Hermano pasa todas las tardes
solo con los libros que Dios-Mi-Padre escribe.

Algunos días levanta la vista
de la página horrorizado.
Pregúntale qué le sucede
y te mirará fijamente a los ojos susurrando, «¡Asesinato!».
Aullará, «¡Asesinato!». Gritará, «¡Asesinato!».
Hasta que termina ronco o exhausto.
O hasta que Dios-Mi-Hermana lo siente,
le cepille y trence su cabello,
y le ordene sus sueños.

Estoy contando en voz alta los nombres de todos mis hermanos,
los vivos y los muertos, con mis dedos.
Pero la lista es larga,
conduciendo de nuevo al inicio
de la construcción de los primeros asentamientos humanos,
y yo sigo perdiendo el hilo precisando que comience de nuevo.
En una ocasión, me acordé de todos
excepto de la primera pareja.

Dios-Mi-Hermana dice que no debo decir esos nombres, nunca
ni pronunciar los nombres de aquella primera pareja de hermanos
al alcance del oído de Dios-Mi-Hermano.

Dios-Mi-Padre me dio sólo tres palabras,
¿Cómo aprenderé a hablar como otras personas?

Dios-Mi-Madre canta, y su voz
llega como el invierno a abrir las semillas.

God-My-Brother spends most of his time alone.
God-My-Sister is the only one
he'll ever let touch his face.

God-My-Sister, you should see her.
I have so many brothers,
but forever there will be
only one of her, God-My-Sister.

God-My-Father says from those three words
he gave me, all other words descend, branching.
That still leaves me unfit
for conversation, like some deranged bird
you can't tell is crying in grief or exultation,
all day long repeating,
"O my God. O my love. Holy, holy, holy."

Dios-Mi-Hermano pasa la mayor parte de su tiempo a solas,
Dios-Mi-Hermana es la única
que permite toque su rostro.

Dios-Mi-Hermana, deberías verla.
Tengo tantos hermanos,
pero por siempre sólo habrá
una de ella, Dios-Mi-Hermana.

Dios-Mi-Padre dice que de esas tres palabras
que él me dio, descienden todas las demás palabras, ramificándose.
Eso todavía me deja incapacitado
para conversar como un pájaro trastornado
que no alcanzas a distinguir si llora de pena o júbilo,
todo el día repitiendo,
«Oh Dios mío. Oh mi amor. Santo, santo, santo».

Love Succeeding

I don't know what makes God happy.
But my father in profile,
asleep on his back in the afternoon,
is a house with a river behind it.

And the name of the river changes
by what it says
and the language you know.
And the path to the orchard is overgrown.

The child asleep beside him, its head
on his right shoulder, is gold
the bees harvest
to tip the scales weighing laughter and worry.

I don't know who God thinks is worth saving.
But my father drowsing
at a train window
impersonates the rain.

At rest, confirmed in a name, *Father,*
his true state remains unknown.
In transit, undocumented, unverified, illegal,
scapegoat, torture victim, fugitive, and refugee,
he sleeps, escaped,
momentarily unclaimed and out of favor.

And only he and God know
he's changed his name again to flee
yet another country.

El amor victorioso

No sé lo que hace feliz a Dios.
Pero mi padre de perfil,
dormido boca arriba por la tarde,
es una casa con un río detrás.

El nombre del río cambia
en base a lo que dice,
y el idioma que conoces.
El camino que conduce al huerto está cubierto de maleza.

Y el niño dormido a su lado, su cabeza
recostada en su hombro derecho, es oro
que cosechan las abejas
para inclinar la balanza sopesando la risa y la gravedad.

No sé a quién cree Dios que vale la pena salvar.
Pero mi padre dormitando
en la ventana de un tren
imita la lluvia.

En reposo, confirmado en un nombre, *Padre,*
su verdadero estado permanece desconocido.
En tránsito, indocumentado, no verificado, ilegal,
chivo expiatorio, víctima de tortura, fugitivo y refugiado,
duerme, fugitivo,
momentáneamente no reclamado y caído en desgracia.

Sólo él y Dios saben
que ha cambiado nuevamente de nombre para escapar
aún a otro país.

And the boy awake
and singing beside him is several things:
An expert at tying and untying knots.
A traveler stranded on that ancient peak
called Father's Heart.
A hidden fruit distilling light and time
to render news of the living.

And my memories are precious
to no one but myself.
My feelings are holy
to no one but myself.

And I don't know
what might bring peace on earth. But a man
fallen asleep at his desk while revising
a letter to his father is apple blossoms
left lying where they fell.

The son who comes to wake him by kissing
the crown of his head is so many things:
Love succeeding.
The eye of the needle.
Little voice calling the flowers to assembly.

May the child never forget the power of the small.
May the man never wake a stranger to himself.

Y el niño despierto
y cantando a su lado es varias cosas:
Un experto en atar y desatar nudos.
Un viajero varado en esa cumbre antigua
llamada Corazón de Padre.
Una fruta escondida destilando luz y tiempo
para dar noticias de los vivos.

Y mis memorias sólo son preciadas
para a mí mismo.
Mis sentimientos sólo son sagrados
para mí mismo.

Y no sé
lo que podría traer paz a la tierra. Pero un hombre
que se queda dormido en su escritorio mientras revisaba
una carta a su padre es como las flores del manzano
que se dejan tiradas donde cayeron.

El hijo que viene a despertarlo besándole
la coronilla es muchas cosas:
El amor victorioso.
El ojo de la aguja.
La pequeña voz llamando a las flores a la asamblea.

Que el niño nunca olvide el poder de lo pequeño.
Que el hombre nunca despierte a un extraño para sí mismo.

My Sweet Accompanist

We were alive together once.
I thought it was that way from the beginning
of time. And I sang
my songs for him, and he rocked,
squeezing and pulling the accordion in his lap,
while his eyes glistened, shining.

My singing done, he stopped and looked away,
wiped his eyes, then turned
another face to me.
And he said,

"I don't need to hear your descriptions of my garden.
I planted everything in that garden.
I can read each leaf and bud
by sunlight, by moonlight, and by no light.
You think I don't know what's in my garden?
Or who or what's been there?
I taught you to love your neighbor.
Write a song about that."

Two fathers in one, I was their son,
we three alive together
in one space two at a time,
each of us taking his turn
alone in a double shadow.
He and I, and him remaindered.
Both of him, and me carried, carrying.
From the beginning of time.

Mi dulce acompañante

Estuvimos vivos juntos una vez.
Pensé que era así desde el principio
de los tiempos. Y yo canté
mis canciones para él, y él se meció,
apretando y tirando del acordeón en su regazo,
mientras sus ojos relucían, brillando.

Una vez terminé de cantar, se detuvo y apartó la mirada,
se secó los ojos, luego volvió
otra cara hacia mí.
Y dijo,

«No necesito escuchar tus descripciones de mi jardín.
Planté todo en ese jardín.
Puedo leer cada hoja y capullo
a la luz del sol, a la luz de la luna y sin luz.
¿Crees que no sé qué hay en mi jardín?
¿O quién o qué ha estado allí?
Te enseñé a amar a tu prójimo.
Escribe una canción sobre eso».

Dos padres en uno, yo era su hijo,
nosotros tres vivos juntos
en un espacio de dos en dos,
cada uno de nosotros tomando su turno
solo en una doble sombra.
Él y yo, y de él lo que resta.
Ambos él, y yo cargado, cargando.
Desde el principio de los tiempos.

And I thought it would be forever
I would sing for them,
my father in tears, whose fingers jumped
up and down the black and white keys,
and my father who waited
for the end of my song to say:

"I don't need to hear about your categories:
Sacred/profane.
Concrete/abstract.
Self/not self.
Nature/not nature.
Past/present/future.

Where your cleverness can't reach,
there are victims in the world without a defender.
The accusers are full of passion.
The persecutors hated us without a cause.
The ones who know not what they do are fierce,
though sometimes they apologized before murdering their prey.

Yet, I taught you to renounce violence.
I taught you love means to vest your interest
in the outcome of the other.
Desire means deriving
pleasure from the other.
I taught you to distinguish
poison from elixir, salt from decay.
Degree, degree, degree.
Write a song about that."

A boy becomes a young man in an instant.
But not before he learns to say yes to life

Y pensé que yo cantaría
por siempre para ellos,
mi padre llorando, sus dedos saltando
de arriba hacia abajo sobre las teclas blancas y negras,
y mi padre que esperaba
hasta el final de mi canción para decir:

«No necesito escuchar acerca de tus categorías:
Sagrado/profano
Concreto/abstracto.
Uno mismo/otro.
Naturaleza/no natural.
Pasado/presente/futuro.

Ahí donde tu ingenio no logra llegar,
existen víctimas en el mundo sin un defensor.
Los acusadores están llenos de pasión.
Los perseguidores nos odiaban sin causa.
Los que no saben lo que hacen son feroces,
aunque a veces se disculpaban antes de asesinar a su presa.

Sin embargo, yo te enseñé a renunciar a la violencia.
Te enseñé que el amor significa mostrar interés
en el resultado del otro.
El deseo significa derivar
placer del otro.
Te enseñé a distinguir
entre el veneno y el elixir, entre la sal y la descomposición.
Grado, grado, grado.
Escribe una canción sobre eso».

Un niño se convierte en un joven en un instante.
Pero no antes de que aprenda que decir sí a la vida

is to say yes to death.
To say no to death
is to say no to living.

A young man becomes an old man even quicker.
But not before he gives up life
and death, yes and no.

These days, it's one in the light, and two in the dark.
Or two beyond light and dark,
and one still subject wondering
in what key my one of two fathers would play,
and what would the other of that stubborn pair say
if they could hear the song I wrote just yesterday,

a song in which the people
are the same size as the animals and the trees,
and all of them are the same size as the sun.
And every living thing is crying with its mouth wide open.
Blue tears the size of giant petals are spurting
from the eyes of the sun,
from the eyes of the trees,
from the eyes of the grass,
and from the eyes of the four-legged
standing on four feet,
and from the eyes of the four-legged
standing on two feet,
and from the eyes of the two-legged
standing with hands and arms raised.

One remains and carries the two,
so I won't say I'm fatherless,
though I've been singing to myself for years now

es decir sí a la muerte.
Que decir no a la muerte
es decir no a la vida.

Un joven se convierte en un anciano incluso más rápido.
Pero no antes de que él se rinda a la vida
y la muerte, sí y no.

Estos días, es uno en la luz, y dos en la oscuridad.
O dos más allá de la luz y la oscuridad,
y un sujeto quieto preguntándose
en qué tono tocaría uno de los dos padres,
y qué diría el otro de esa pareja obstinada
si pudieran escuchar la canción que escribí ayer,

una canción en la que la gente
es del mismo tamaño que los animales y los árboles,
y todos ellos son del mismo tamaño que el sol.
Y todo ser vivo está llorando con la boca abierta.
Lágrimas azules del tamaño de pétalos gigantes están brotando
de los ojos del sol,
de los ojos de los árboles,
de los ojos de la hierba,
y de los ojos de los cuatro patas
que se erigen en cuatro pies,
y de los ojos de los cuatro patas
que se erigen en dos pies,
y de los ojos de los dos patas
de pie con las manos y los brazos alzados.

Uno permanece y se lleva a los dos,
por lo que no diré que soy huérfano de padre,
aunque he estado canturreando desde hace años

without my father's playing, that sweet accompanist
and sad witness, wounded plaintiff, now silent
casualty of the twentieth century.

sin la música de mi padre, esa dulce acompañante
y triste testigo, demandante herido, ahora víctima
silenciosa del siglo XX.

Reading, Counting, Playing Alone

Tossing the ball with both hands,
skyward higher and higher, the child
confides it to falling, not flying, gravity
the mother of this, his favorite toy.
Any wings inside him and unfledged, any flight
his own breathing's tendency
to measure distances by degrees of blue
and the irretrievable.

In the schoolroom, seated beside the open windows,
he's easily distracted by birds
in each day's margins. There,
his listening thrives.
The strife and hunger of those fierce cries
repeat his own heart's clamor, desire
and disappointment becoming
the ghost-score of every song
he'll learn to sing by eye or ear,
every note he'll count
during time's reign. And his life
grows shorter
each day he grows taller.
And whatever God or disembodied companion he speaks to
is left outside the schoolroom door each morning,
to be found again later on the walk home by himself
along the railroad tracks,
or in the sunlit aisles of the one-room public library,
or among the deer feeding in the cemetery.

Behind each child alone

Leyendo, contando, jugando solo

Lanzando el balón con ambas manos,
hacia el cielo cada vez más alto, el niño
confía en que caerá, no volará, la gravedad
la madre de éste, su juguete favorito.
Cualesquiera alas dentro de él y sin plumas, cualquier vuelo,
la tendencia de su propia respiración
para medir distancias por grados de azul
y lo irrecuperable.

En el aula, sentado al lado de las ventanas abiertas,
se distrae fácilmente con las aves
en los márgenes de cada día. Allí,
su oído se desarrolla.
La lucha y el hambre de esos gritos feroces
repiten el clamor de su propio corazón, el deseo
y la decepción se convierten
en la partitura fantasmal de cada canción
que aprenderá a cantar de vista o de oído,
cada nota que contará
durante el reinado del tiempo. Y su vida
se acorta
cada día que se hace más alto.
Y cualquier Dios o compañero incorpóreo con el que hable
permanece afuera de la puerta de la escuela cada mañana,
para reencontrarlo más tarde en el camino solitario a casa
a lo largo de las vías del tren,
o en los pasillos soleados de la pequeña biblioteca pública,
o entre los ciervos que se alimentan en el cementerio.

Detrás de cada niño solo

at play or reading quietly,
stand the adults praying, or wringing their hands,
or pronouncing blessings, or making bets.
How long before he gives up believing
the dead are those who've flown
from our tended parks and gardens
to sing in the woods?
How soon before he'll quit
thinking the dead withdraw into the future
to prepare a place for the quick,
the wake of their going the train
he hears each evening, traveling
opposite the call to supper?

But this child knows to be silent, knows
not all elders are wise.
He knows better than to speak
of any wish in his custody, any hope
his secret brooding upon
might bring to term as trust.

Yet, it isn't true the dead have nothing to teach him.
He still doesn't know what to do
with his hands, those solemn ornaments,
in their presence.

You'd think many deaths early in life,
you'd think having to be silent and still in his father's arms when
carried away for good
from his native city littered with corpses,
would have taught this young one how to count
the uncountable,
how to hold the immeasurably heavy

jugando o leyendo en silencio,
están los adultos que rezan, o retuercen las manos,
o pronuncian bendiciones o hacen apuestas.
¿Cuánto tiempo antes de que él deje de creer
que los muertos son aquéllos que han volado
desde nuestros bien cuidados parques y jardines
para cantar en el bosque?
¿Qué tan pronto antes de que deje
de creer que los muertos se retiran hacia el futuro
para preparar un lugar para los ágiles,
la estela que dejan al marchar el tren
que escucha cada noche, viajando
en dirección opuesta a la llamada para cenar?

Pero este niño sabe que debe guardar silencio,
sabe que no todos los mayores son sabios.
Él sabe que no conviene hablar
de cualquier deseo que guarde, cualquier esperanza
que secretamente albergue
pudiera ser interpretada como confianza.

No es cierto que los muertos no tienen nada que enseñarle.
Él todavía no sabe qué hacer
con sus manos, esos solemnes ornamentos,
en su presencia.

Pensarías que tantas muertes en sus primeros años de vida,
pensarías que quedarse callado e inmóvil aún en brazos del padre cuando
se lo llevaron para siempre
de su ciudad natal plagada de cadáveres,
le habría enseñado a este joven cómo contar
lo incontable,
cómo sostener la inconmensurable gravedad

in two hands when observing
falling bodies lit to rest in ceremonial rooms.
But watch him with his ball.
He's still learning.

He doesn't number his throws, rather
only what falls into his hands.

At play, before discriminations of *inside* and *outside;*
while reading, beyond estrangements of *life* from *after life,*
a whole world is his
to nurse at in sincere forgetfulness,
life and death seamless, one water lapsing
beneath no sky and four seasons.

But in his game, falling is return,
a second movement completing that first arising
in which the plunging back is pre-figured,
and the ball's leave-taking ascent from his hands
is powered by his own muster.
He's only playing against himself.
He has yet to recognize that falling
away, that falling from
him so complete it has no counter movement,
that vanishing which is law, life's first law,
that movement without return,
that leaving powered by a power preceding
all human muster. Without
that recognition, he'll never learn what counts.
But he's still at the beginning.
He'll have to be forgiven.

en las manos al observar
cuerpos caídos que reposan en las salas rituales.
Pero míralo con su pelota.
Aún está aprendiendo.

No enumera sus lanzamientos, sino
sólo lo que atrapa entre sus manos.

En juego, antes de las discriminaciones de *adentro* y *afuera;*
mientras lee, más allá de la distinción entre *vida* y *vida después de la muerte,*
un mundo entero es suyo
para cuidar en sincero olvido,
la vida y la muerte sin interrupciones, un agua cayendo
bajo ningún cielo y cuatro estaciones.

Pero en su juego, caer es volver,
un segundo movimiento que completa esa primera descarga
en la cual el retorno está pre-calculado,
y el ascenso de la pelota que sale de sus manos
es impulsado por su propio esfuerzo.
Tan sólo juega contra sí mismo.
Aún le falta reconocer que cayendo,
que separándose de
él tan completamente que se queda sin contrataque,
esa desaparición que es la primera ley de vida,
ese movimiento sin retorno,
esa salida impulsada por un poder que precede
a todos los esfuerzos humanos. Sin
ese reconocimiento, nunca aprenderá lo que cuenta.
Pero él todavía está en el comienzo.
Tendrá que perdonársele.

For now, his joy climbs higher
the deeper toward longing he crouches
before lunging.

Por ahora, cuanto más profundo se agacha
antes de lanzarse hacia el anhelo,
más grande es su alegría.

His Likeness

I'm more or less real.
What about you?

As material as time,
and as fugitive
as happiness.

As lasting as sadness, I'm as sound
as memory
and forgetting.
Immutable as water, air, earth, and fire,

I more or less exist.
What do you
tell yourself about being
and being gone?

Co-substantial with lightning,
longing, dreaming, and thinking,
the very stuff of desire,
loneliness, and love, I'm a thought

God entertains about music and death,
color and number,
figure and ground,
legend and consequence.

I'm a proof God is distilling
(I don't know who

Su semejanza

Soy más o menos real.
¿Y tú?

Tan material como el tiempo,
y tan fugaz
como la felicidad.

Tan duradero como la tristeza, soy tan fiable
como la memoria
y el olvido.
Inmutable como el agua, aire, tierra y fuego,

Yo más o menos existo.
¿Qué es lo que tú
te dices a ti mismo sobre ser
y desaparecer?

Consustancial con el rayo,
el anhelo, el sueño y el pensamiento,
de lo que está hecho el deseo,
soledad y amor, soy un pensamiento

que Dios alberga sobre la música y la muerte,
color y número,
conjetura y fundamento,
leyenda y consecuencia.

Soy prueba de que Dios está destilando
(no sé quién

or what works you), bringing to bear
all of God's time,

God's happiness,
God's sadness,
God's desire,
God's loneliness,

God's love. Exhausted,
God slips me unfinished
under God's pillow.

I steep as long as God sleeps.
And Time is a black butterfly, pinned

while someone searches for its name in a book.

o lo que te funciona), haciendo uso
de todo el tiempo de Dios,

La felicidad de Dios,
la tristeza de Dios,
el deseo de Dios,
la soledad de Dios,

el amor de Dios. Agotado,
Dios me desliza inacabado
bajo la almohada de Dios.

Me ensimismo mientras Dios duerme.
Y el Tiempo es una mariposa negra, sujetada con alfileres

mientras alguien busca su nombre en un libro.

Hidden Hearing

God slips His likeness of me under His pillow.
Morning grows cloudy, the house darkens,
and I know what the rain at the sill is saying:

Be finished with resemblances. Your lamp
hides the light. A voice,
being a voice and not the wind,
can't carry anything away. And yet,
it makes any land a place, a country
of the air, and laughter its seventh day.

Last night I dreamed of voices in a grove.
Ladders reaching from the ground into the branches.
I was mending my children's coats,
worrying if the light would last
long enough for me to thread the needle.

It's spacious beneath God's pillow,
where I nod with the trees in the wind,
listen to the rain,
and count the seconds
between the lightning and the thunder,

deaf to former things,
unencumbered of things to come,
leaving God to recoup
a human fate.

God snores, His slumber immense
and musty with the season's litter.

Audiencia oculta

Dios desliza mi retrato bajo Su almohada.
La mañana se nubla, la casa se oscurece
y sé lo que dice la lluvia en el alféizar:

Termina con las semejanzas. Tu lámpara
esconde la luz. Una voz,
toda vez que es una voz y no el viento,
no puede llevarse nada lejos. Y, sin embargo,
hace de cualquier tierra un lugar, un país.
del aire, y la risa su séptimo día.

Anoche soñé con voces en un bosque.
Escaleras que subían desde el suelo hasta las ramas.
Yo remendaba los abrigos de mis hijos,
preocupándome si la luz duraría
el tiempo suficiente como para enhebrar la aguja.

Hay mucho espacio debajo de la almohada de Dios,
donde cabeceo con los árboles en el viento,
escucho la lluvia,
y cuento los segundos
entre el relámpago y el trueno,

sordo a lo que precedió,
sereno ante lo que vendrá,
permitiendo que Dios recupere
un destino humano.

Dios ronca. Su sueño profundo
y rancio con los despojos de la temporada.

God rolls over in His sleep
and churns the seabed
to dislodge many buried keys.

Outside, a bird is telling time's green name.
It stops when I stop to listen,
and starts again as soon as I give up
holding my breath to hear it,
as though wholehearted listening intrudes
where hearing ajar makes room for singing
so tender my attention snuffs it,
or else so brimming
my ear's least turning spills it.

Sooner or later, God will again
bear out that semblance He makes of me each day.
He'll knead, fold, punch, pull, mark, smudge,
erase, and tear away.

Sometimes it feels like love.
And makes me tremble.
Sometimes it hurts like death.
And makes me shake.

Dios se da la vuelta mientras duerme
y agita el lecho marino
para extraer muchas llaves enterradas.

Afuera, un pájaro dice el nombre verde de la hora.
Calla cuando me detengo a escuchar,
y comienza de nuevo tan pronto como dejo
de aguantar la respiración para escucharlo,
como si escuchar de manera absorta importunara
mientras que escuchar a medias diera lugar a un canto
tan tierno que mi atención lo apaga,
o bien tan rebosante
que la menor vuelta de mi oreja lo derrama.

Tarde o temprano, Dios una vez más
corroborará la semejanza que hace de mí cada día.
Él amasará, doblará, perforará, tirará, marcará, manchará,
borrará, y arrancará.

A veces se siente como el amor.
Y me hace tiritar.
A veces duele como la muerte.
Y me hace temblar.

At the Year's Revolving Door

It's just time,
the book I read, the letter I write,
the window I look out of.

It's just a needle I thread,
a sleeve I keep trying to mend,
the spool diminishing.

It's just my one hand writing words,
my other hand weighing
the silences between them.

It's just time inside of time, the future inside
the seeds inside the pulp
of the apple I eat, skin and all, seeds and everything.

And the fruit rotting on the ground?
Time unraveling.
And time folded smaller and smaller.

And the fruit expected
overhead? Time
appointed and appointing.

And when it is time,
I will hear the name fire and air
assign to each bowed head of grass.

And when it is time, I will remind myself:
All of the light is one, unanimous with the dark.

En la puerta giratoria del año

Tan sólo es tiempo,
el libro que leo, la carta que escribo,
la ventana por la que miro.

Tan sólo es una aguja que hilo,
una manga que sigo intentando remendar,
el carrete que disminuye.

Tan sólo es mi mano escribiendo palabras,
mi otra mano sopesando
los silencios entre ellas.

Tan sólo es tiempo dentro del tiempo, el futuro dentro
de las semillas dentro de la pulpa.
de la manzana que me como, con piel, con semillas y todo.

¿Y la fruta pudriéndose en el suelo?
El tiempo deshilándose.
Y el tiempo plegado cada vez más pequeño.

¿Y la fruta que se espera
por encima? El tiempo
asignado y designando.

Y llegado el momento,
escucharé el nombre fuego y aire
asignado a cada brizna de hierba reclinada.

Y llegado el momento, me recordaré:
Toda la luz es una, unánime con la oscuridad.

Every world is two: inside and outside.
Time is many:

the voices of children in the playground
shouting out the stations of their games,
the specific gravity of my hands
setting the table at evening,
the names of the guests
on my mind, the names of the missing become
so many questions
arising at the year's revolving door.

Time is almost our home.
The seasons almost tell a story.
The seasons groan in the bedded hinges of our bones.
An original motive in our blood, their wheels turn,
a branching lathe and music
the living, the dead, and the unborn
step in and out of, shadowing each other;
a spiral economy bound to the coursing stars,
whose glacial rungs the dew climbs down
to dwell beside our sleep.

In the meantime, the wind in the garden changes
from agent of a far end to vagrant
turning over the leaves, looking for a story.

Once upon a time,
we were lonely children in a river valley,
and teachers and schoolmates getting our names wrong
helped to keep us hidden, safe
to make the most faithful companions of God and death.

Cada mundo es dos: dentro y fuera.
El tiempo es muchos:

las voces de los niños en el parque infantil
gritando las estaciones de sus juegos,
la gravedad específica de mis manos
poniendo la mesa en la noche,
los nombres de los invitados
en mi mente, los nombres de los desaparecidos se convierten
en tantas preguntas
que surgen en la puerta giratoria del año.

El tiempo es casi nuestro hogar.
Las estaciones casi cuentan una historia.
Las estaciones gimen en las bisagras de nuestros huesos.
Una fuerza motora original en nuestra sangre, sus ruedas giran,
un torno ramificado y música
los vivos, los muertos y los no nacidos
entran y salen, acompañándose mutuamente;
una economía en espiral atada a la trayectoria de las estrellas,
de cuyos peldaños glaciares desciende el rocío
para descansar al lado de nuestro sueño.

Mientras tanto, el viento en el jardín cambia
de agente de un extremo lejano a vagabundo
revolviendo las hojas, buscando una historia.

Érase una vez,
fuimos niños solitarios en el valle de un río,
y que maestros y compañeros confundieran nuestros nombres
ayudaba a mantenernos escondidos, aptos
para convertirse en los más fieles compañeros de Dios y de la muerte.

No wonder we were ruined
for any other company.

Now, as then, the one invents our games,
while the other spurs our delicious cries
by keeping every prize in jeopardy.

Then, and now, the wind
in the trees makes the sound
of the turning pages of our nights and days,
the shadows of birds intermittent,
causing restlessness in the living.

No es de extrañar que hayamos sido arruinados
para todos los demás.

Ahora, como entonces, uno inventa nuestros juegos,
mientras el otro incita nuestros deliciosos gritos
arriesgando todos los premios.

Entonces, y ahora, el viento.
en los árboles imita el sonido
del pasar de las páginas de nuestras noches y días,
las sombras de las aves intermitentes,
causando inquietud entre los vivos.

Leaving

Each day, less leaves
in the tree outside my window.
More leave, and every day
more sky. More of the far,
and every night more stars.

Day after shortening day, more
day in my panes, more missing
in the branches, fewer places
for the birds to hide, their abandoned nests exposed.
And night after increasing night,
the disappearances multiply.

The leaves leap from fire
to colder fire,
from belonging to darker belonging,
from membership to ownership.

Their growing absence
leaves no lack, nothing wanting,
and their gone outnumbers their going
through the door they leave ajar.

Desalojo

Cada día, menos hojas
en el árbol fuera de mi ventana.
Más desalojan, y cada día
más cielo. Más de lo lejano,
y cada noche más estrellas.

Día tras decreciente día, más
día en mis cristales, más faltantes
en las ramas, menos lugares
para que los pájaros se oculten, sus nidos abandonados a la vista.
Y noche tras creciente noche,
las desapariciones se multiplican.

Las hojas saltan de fuego
a fuego más frío,
de pertenencia a pertenencia más oscura,
de membresía a propiedad.

Su creciente ausencia
no deja carencias, nada faltante,
y los que se marcharon superan en número a los que pasan
por la puerta que dejan entreabierta.

Eavesdropping at Morning's Sill

Risen, says the sun.

The world is your true body,
say the stars, seen and unseen.
But you won't find your mind there.

Little Clock, stop counting, says the sky.

Little Candle, don't look back, says the waning moon.

And the wind charges, *Herd the flowers!*
Pawn style, stigma, stamen, gnomon, and nodus
for compass, sails, and rigging, and more of the map!

And the river reminds,
Those nights were not wasted
when you, a child, undefended
inside and out, lay sleepless under roof beams
older than yourself
and listened to boughs more old,
arched over the house, cracking and groaning
in a wind without age.

Suddenly, the riverbank erupts in bird-calls
to crowd morning's stanza. Dandelion seeds fill the air
and cross the moving water on a high breeze,
each glinting with its share of the dawn,
each waving to the man who watches them leave
one bank for the other, leaving him
to wonder:

Escuchando a escondidas en el alféizar de la mañana

Salí, dice el sol.

El mundo es tu verdadero cuerpo,
dicen las estrellas, vistas e invisibles.
Pero no encontrarás tu mente allí.

Pequeño Reloj, para de contar, dice el cielo.

Pequeña Vela, no mires atrás, dice la luna menguante.

Y el viento ordena, *¡Arreen las flores!*
¡Estilo empeñado, estigma, estambre, gnomon y nodo
para la brújula, las velas y el cordaje, y más del mapa!

Y el río recuerda,
Esas noches no fueron desperdiciadas.
cuando tú, un niño, indefenso
por dentro y por fuera, yacías sin dormir bajo las vigas del techo
más viejas que tú
y escuchabas ramas más antiguas,
arqueadas sobre la casa, agrietándose y gimiendo.
en un viento intemporal.

De pronto, la orilla del río estalla en trinos
para congregar la estrofa matinal. El viento esparce semillas de diente de león
y atraviesan las ondulaciones de agua en la densa niebla,
cada una con su destello de alba,
cada una saludando al hombre que las ve alejarse
de una a otra orilla, dejándolo
en el asombro:

How does a man know when
it's safe to sing
and when it's good to cross wide water?
At what threshold do inklings nurse
before they rear
and bridge as voices to decide
what we call level,
pitch, round, square, path, home, and meeting?

¿Cómo sabe un hombre cuándo
es seguro cantar
y cuándo es un buen momento para cruzar un gran cuerpo de agua?
¿En qué punto se alimentan las sospechas
antes de retroceder
y se unen como puentes para decidir
a qué llamamos nivel,
tono, ronda, cuadrado, camino, hogar y reunión?

The Word from His Song

The sparrow on my rooftop shouts,
All roads be blessed!

His voice is a ring
for the finger of the beloved.

And he wouldn't work harder at his song
if all the world prized it,

nor temper what sounds like ardor
if a public thought him wrong.

He says singing redeems the body's loneliness.
Flying fixes the heart to the sky's wheel.

Salt cures the spirit.
Light is a fractal script.

Imagination is branched, flowering,
and each fans the buds himself.

He says every atom is burning.
Hunger mends the kingdom by rending,

marrying voices and wings.
Singing builds a throne for hearing,

sets up a swing
between our one night and our day.

La palabra de su canción

El gorrión en mi azotea reclama,
¡Qué todos los caminos sean bendecidos!

Su voz es un anillo.
destinado al dedo de la amada.

Y no se esforzaría más en su canción.
si todo el mundo lo apreciara,

ni templaría lo que a pasión suena
si fuera mal visto por un público.

Dice que cantar redime la soledad del cuerpo.
Volar fija el corazón a la rueda del cielo.

La sal cura el espíritu.
La luz es un guion fractal.

La imaginación es ramificada, floreciente,
y cada uno abanica los capullos.

Él dice que cada átomo se está quemando.
El hambre repara el reino desgarrando,

uniendo voces y alas.
El canto construye un trono para oír,

estableciendo un balance
entre nuestra única noche y nuestro día.

It's all song, he says, all singing,
the body's seat and number, the mind's pleats, time's hem.

The voice is a sighted brink.
Its mission is to sort the world.

The tongue is a mortal flower.
The dew at last. The guests arrive.

The child learns his name,
a virgin bell.

And even that iron note
is God awake in two worlds.

God seeks a destiny in all things fired
in the kiln of the sun or the mind.

That's the word from his song.

Todo es canción, todo canto,
el lugar y número del cuerpo, los pliegues de la mente, del tiempo.

La voz es una orilla divisada
Su misión es ordenar el mundo.

La lengua es una flor mortal.
Por fin el rocío. Llegan los invitados.

El niño aprende su nombre,
una campana virgen.

Incluso esa nota de hierro
es el Dios vigilando dos mundos.

Dios busca un destino en todas las cosas calcinadas
en el horno del Sol o de la mente.

Ésa es la palabra de su canción.

All About the Birds

Not one of them ever said your name.
Stop putting words in the mouths of the birds.
It's seeds they want.

What are they going to do with words,
tearful drops of theophanic honey,
metaphysical spit, sacrificial blood, endogenous
balsam, camphor, and myrrh, words?

Such an evanescent diet would only leave them
wondering why they're born
and why they die.

A regimen that sweet, salty, and bitter,
that liminal, and next thing you know
they'll be raising airy shrines
and vaulted altars near the sun. Next thing
you know, they'll forget all about sleep
and begin writing histories of their tribes,
chronicling the conquests and the defeats,
the building of their first cities,
the years they were strangers in their own country,
the years they were strangers in a strange land,
the winged expulsions, and the flying returns.
Next thing, they'll be preaching
the chief end of wings and the reign of love.

All because you put words in their mouths.
Stop putting ideas in their heads.
It's you who wants to know the origin of numbers, not them.

Todo sobre los pájaros

Ninguno de ellos pronunció alguna vez tu nombre.
Deja de poner palabras en la boca de los pájaros.
Lo que quieren son semillas.

¿Qué van a hacer con las palabras,
esas palabras hechas de lágrimas de miel divina,
saliva metafísica, sangre sacrificial, bálsamo
endógeno, alcanfor y mirra?

Semejante dieta evanescente tan sólo los dejaría
preguntándose por qué nacieron
y por qué mueren.

Un régimen tan dulce, salado y amargo,
tan liminar, y antes de que te enteres
estarán levantando espaciosos santuarios
y altares abovedados cerca del sol. Antes de que
te des cuenta, se olvidarán de dormir
y comenzarán a escribir historias de sus tribus,
describiendo una crónica de sus conquistas y derrotas,
la construcción de sus primeras ciudades,
los años en que fueron extraños en su propio país,
los años en que fueron extraños en una tierra extraña,
las expulsiones aladas, y el vuelo de regreso.
Acto seguido, ellos estarán predicando
el principal final de las alas y el reino del amor.

Todo porque pusiste palabras en sus bocas.
Deja de poner ideas en sus cabezas.
Eres tú quien desea saber el origen de los números, no ellos.

It's you who can't find your way home, not them.

It's you who forgets more and more of your first language
each day, you who let the unspoken grow
between you and your mother each year.
It's you who lost the first songs she taught you.
Not the birds.

They might spend most of their days in the sky,
but every evening they remember
to come back to earth.
Not a single one of them ever got lost up high.
It's you who followed your dead there.
And when they remained above, it was you
made it back only three quarters of the way.

And now you can't make sense of living in time,
or of being in a lightless body of murmurs and humming,
earth packed with fire and shot through with longing.
It's you. It's not the birds.
It was never about the birds.

Eres tú quien no puede encontrar el camino a casa, no ellos.

Eres tú quien cada día olvida más y más de tu lengua
materna, tú quien dejó que cada año creciera
el silencio entre tu madre y tú.
Eres tú quien perdió las primeras canciones que ella te enseñó.
No los pájaros.

Puede ser que pasen la mayor parte de sus días en el cielo,
pero cada atardecer recuerdan
regresar a la tierra.
Ni uno solo de ellos jamás se perdió en lo alto.
Eres tú quien siguió a sus muertos allí.
Y cuando permanecieron arriba, fuiste tú
quien regresó sólo tres cuartas partes del camino.

Y ahora no encuentras el sentido de vivir en el tiempo,
o de habitar un cuerpo apagado de murmullos y zumbidos,
la tierra colmada de fuego e impregnada de anhelo.
Eres tú. No son los pájaros.
Nunca se trató de los pájaros.

IV

IV

Changing Places in the Fire

1.
What's The Word! she cries
from her purchase on the iron
finial of the front gate to my heart.

The radio in the kitchen
is stuck in the year I was born.
The capitals of the world are burning.

And this sparrow with a woman's face
roars in the burdened air—air crowded with voices,
but no word, mobbed with talking, but no word,
teeming with speech, but no word—
this woman with the body of a bird
is shrieking fierce
buzzed volts
in the swarming babble, What's The Word!

This evening
is the year of my birth.
The country has just gained its independence.
Social unrest grows rampant as the economy declines.
Under a corrupt government of the army and the rich come
years of mass poverty, decades of starving children
and racially fueled mayhem. Word is

armed squads raping women by the hundreds. Word is
beheadings, public lynchings, and riots. Word is
burning, looting, curfews, and shoot-to-kill orders.
And word is more deadly days lie ahead.

Intercambiando lugares en el incendio

1.
¡Cuál es La Palabra! ella clama
desde su posición en el pináculo de hierro
de la puerta principal a mi corazón.

La radio en la cocina
está estancada en el año en que nací.
Las capitales del mundo arden.

Y este gorrión con rostro de mujer
ruge en el aire cargado: aire atestado de voces,
pero ni una palabra, abrumado con el parloteo, pero ni una palabra,
repleto de habla, pero ni una palabra.
Esta mujer con el cuerpo de un pájaro
emite chillidos salvajes
voltios zumbantes
en el infestado balbuceo, ¡Cuál es La Palabra!

Esta noche
es el año de mi nacimiento.
El país acaba de ganar su independencia.
El descontento social crece a medida que la economía se deteriora.
Bajo un Gobierno corrupto del ejército y los ricos vienen
años de pobreza masiva, décadas de niños hambrientos
y el caos alimentado por tensiones raciales. Cuentan que

escuadrones armados violan a cientos de mujeres. Hablan de
decapitaciones, linchamientos públicos y disturbios. Dicen que
se ha ordenado incendiar, saquear, toques de queda y disparar a matar.
Y se esperan días más mortíferos.

Today, tomorrow, and yesterday, the forecast calls
for more misery, more poverty, more starvation,
more families fleeing their homes,
more refugees streaming toward every border.

More horror is to come, that's the word.
More scapegoating is to come, that's the word.
More violence is to come
on the roads,
in the streets,
in the homes, violence

in the churches, in the temples
where they preach who to love and who to hate.
How to get to heaven, and who to leave behind.
How to don the fleece of the blameless
and prosecute your neighbor.

All against all
is to come.
That's the word.

Who hasn't heard that! she spits.
You call yourself a poet? You
tame high-finisher of paltry blots!

You publish doubt and call it knowledge!
You destroy the wisdom of ages
to gratify your envy!
You murder benevolence and virtue
with condescension! You pretend to poetry
and destroy imagination!
Your words mystify, mislead, and misdirect!

Hoy, mañana y ayer, el pronóstico predice
más miseria, más pobreza, más hambre,
más familias que huyen de sus hogares,
más refugiados que escapan hacia todas las fronteras.

Más horrores se avecinan, eso es lo que se dice.
Más chivos expiatorios se avecinan, eso es lo que se cuenta.
Más violencia se avecina
en las carreteras,
en las calles,
en los hogares, violencia

en las iglesias, en los templos
donde predican a quién amar y a quién odiar.
Cómo llegar al cielo y a quién dejar atrás.
Cómo vestirse el vellón de los intachables
y procesar a tu vecino.

Todos contra todos
es lo que se avecina.
Es lo que se dice.

¡Quién no ha escuchado eso! ella espeta.
¿Te haces llamar poeta? ¡Tú, ...
dócil rematador de manchas miserables!

¡Publicas duda y la llamas conocimiento!
¡Destruyes la sabiduría de los siglos
para satisfacer tu envidia!
¡Asesinas la benevolencia y la virtud
con actitud altiva! ¡Simulas poesía
y destruyes la imaginación!
¡Tus palabras desconciertan, engañan y confunden!

You ape The Word made flesh
with words made words,
to multiply more words and words about your words!

And you ritualize these sterile pleasures,
miming joy, delight, and generation!
You celebrate cheap distractions!
Your theories bloom in suicide of the mind,
starvation of the heart, and mass maladies of the soul!
You mock and mimic sincerity!
You read and divine by irony!
You snare the little ones!
You pose stumbling blocks to the lame!
You dig pits for the blind!
You sell desolation!
Your science is despair!
What's The Word!

I can tell she's up to no good,
this feathered interval,
monument to the nano,
this deciding gram,
my Geronimo.

She's out to overturn an empire,
to usurp principalities and powers,
just by swooping into the right assembly,
perplexing a senate, baffling a parliament,
or bewildering somebody's crosshairs.

Not worth a farthing,
and without a cent,
she would own the realm

Tú imitas La Palabra hecha carne
¡con palabras hechas palabras
para multiplicar más palabras y palabras sobre tus palabras!

¡Y ritualizas estos placeres estériles,
imitando la alegría, el deleite y la generación!
¡Celebras las distracciones baratas!
¡Tus teorías florecen en el suicidio de la mente,
hambre del corazón y enfermedades masivas del alma!
¡Te burlas y emulas la sinceridad!
¡Lees y adivinas por ironía!
¡Atrapas a los pequeños!
¡Colocas obstáculos para los cojos!
¡Cavas pozos para los ciegos!
¡Vendes desolación!
¡Tu ciencia es la desesperanza!
¡Cuál es La Palabra!

Percibo que algo trama,
este intervalo emplumado,
monumento al nano,
este gramo decisivo,
mi Jerónimo.

Ella se ha propuesto derrocar un imperio,
usurpar principados y poderes,
con tan sólo caer en la asamblea correcta,
desconcertando a un senado, desorientando a un parlamento,
o confundiendo el punto de mira de alguien.

Desprovista de bienes materiales
y sin un centavo,
ella se haría con el poder del reino

her shrill cries measure, trading
dying for being.

I tell her, I sang
in a church choir during one war
North American TV made famous.
I fled a burning archipelago in the rain,
on my mother's back, in another war
nobody televised.

In the midst of wars worldwide, many
in countries whose names I can't pronounce,
I tucked Christ's promise and Adam's disgrace
together with my pajamas under my pillow
each morning, unable to distinguish which
was God's first thought, and which God's second.

Therefore, I seek asylum
in the final word,
an exile from the first word,
and a refugee
of an illegible past.

Who hasn't witnessed the laws of merging and parting,
blessing and killing! she says. Who isn't
subject to the hand
that giveth and the hand that taketh,
the change of the guard,
with and without blood,
and their own dismembered history

fed to the unvanquished flowers?
Lift every clock's face and see

sus gritos estridentes midiendo, intercambiando
el morir por el ser.

Le digo, Yo canté
en el coro de una iglesia durante una guerra
que la televisión norteamericana hizo famosa.
Huí de un archipiélago en llamas bajo la lluvia,
colgado a la espalda de mi madre, en otra guerra
que nadie televisó.

En medio de las guerras internacionales, muchas
en países cuyos nombres no puedo pronunciar,
cada mañana metía la promesa de Cristo y la deshonra
de Adán junto con mis pijamas debajo de
mi almohada, incapaz de distinguir cuál
fue el primer pensamiento de Dios, y cuál fue Su segundo.

Por lo tanto, busco asilo
en la palabra final,
un exilio de la primera palabra,
y un refugiado
de un pasado ilegible.

¡Quién no ha sido testigo de las leyes de fusión y separación,
bendición y matanza! dice ella. ¿Quién no está
sujeto a la mano
que da y la mano que quita,
el cambio de guardia,
con y sin sangre,
y su propia historia desmembrada

alimentando a las flores victoriosas?
Levanta la cara de cada reloj y observa

the counting angels reckoning,
the killing angels
busy at their anvils.
Say what's The Word,
or die!

It's obvious she's accounted
for what the wind will take,
what the moths must eat,
the ants carry away,
the Caesars keep.

She's a breathing remnant
restored to springtime's living cloth.

She's a pair of scissors
trimming lament
to allow for all I don't know.

And I can tell by the markings on her coat
and her black eyes
she knows which dreams to parse,
which to heed, and which to bury.

And look at those prehistoric feet.
No doubt, she's realized the secret to surviving
her own tribe's slaughter and dispersal.

Pocket dictionary
packed with signs in another language,
blazing shard of the original emanation,
pre-Cambrian spark deposit,

a los ángeles contadores ajustando cuentas
con los ángeles asesinos
ocupados en sus yunques.
¡Di cuál es La Palabra,
o muere!

Resulta evidente que ella ya tomó en cuenta
lo que el viento se llevará,
lo que las polillas se comerán,
lo que las hormigas se apropiarán,
lo que los Césares se guardarán.

Ella es un remanente viviente
restaurado al tejido orgánico de la primavera.

Ella es un par de tijeras
recortando un lamento
para permitir todo lo que desconozco.

Y percibo por las marcas en su abrigo
y sus ojos negros
que ella sabe qué sueños analizar,
cuáles acatar, y cuáles enterrar.

Y mira esos pies prehistóricos.
Sin duda, ha descubierto el secreto para sobrevivir a
la masacre y diáspora de su propia tribu.

Diccionario de bolsillo
lleno de signos en otro idioma,
flameante fragmento de la emanación original,
depósito de chispas del Eón Precámbrico,

igneous jot of infinite magnitude,
fiery iota,

something about her precise little beak
convinces me she grasps degree,
and knows which i's to dot
and which to leave large and alone.

There are words, I say,
and there is The Word.

Every word is a fluctuating flame
to a wick that dies.

But The Word, The Word
is a ruling sum and drastic mean,
the standard that travels
without moving.

Words move,
but The Word is fixed,
the true blank.

The Word is the voice of the lamp,
and words are soot blackening the glass.

The movements of words engender time and death.
But The Word lives outside of time and death.
Inside time, death rules.
Life is death's kingdom.
We live at dying's rate.
Words are a sop for death.

anotación ígnea de magnitud infinita,
iota ardiente,

algo sobre su pequeña nariz aguileña
me convence que ella entiende de niveles,
y sabe cuándo hay que poner especial atención a los detalles
y cuándo hay que dejar que las cosas fluyan.

Hay palabras, digo,
y luego está La Palabra.

Cada palabra es una llama fluctuante
a una mecha que muere.

Pero La Palabra, La Palabra
es una suma gobernante y una media drástica,
el estandarte que viaja
sin movimiento.

Las palabras se mueven,
pero La Palabra es fija,
el verdadero espacio en blanco.

La Palabra es la voz de la lámpara,
y las palabras son el hollín que ennegrece el cristal.

Los movimientos de las palabras engendran el tiempo y la muerte.
Pero La Palabra vive fuera del tiempo y de la muerte.
Dentro del tiempo, la muerte gobierna.
La vida es el reino de la muerte.
Vivimos al ritmo de la muerte.
Las palabras son una concesión a la muerte.

But The Word is the mother of thresholds,
regulating life and death.

The Word begets presences impossible
to confirm,
given the blinding action of time
and the sea and the earth's
turning repose.

And who is that supposed to feed?
Whose thirst would that quench?

She screeches, her voice materializing
a greater body of innumerable birds arriving at dominion,
increasing to overwhelm every mile of my heart,
that bloody aerie branching and leafing,
her feathers become all eyes and mouths,
her voice coming now from everywhere,
booming,

When the Lover is ready,
the Beloved will appear!

Say what's The Word or we both die!

2.
I'll call her my battle angel, this evangelion.
Seraphic herald of the ninth echelon,
pleromatic eon demanding a founding gnosis,
her voice electric tekhelet, Septuagint, a two-leaved door
opening onto porches, chambers, and courts,
her voice a Solomonic column of barley sugar.

Pero La Palabra es la madre de los umbrales,
regulando la vida y la muerte.

La Palabra engendra presencias imposibles
de confirmar,
dada la acción cegadora del tiempo
y del mar y la pausada
rotación de la tierra.

¿Y a quién se supone que debe alimentar?
¿La sed de quién saciaría?

Ella emite un chillido, su voz materializando
un cuerpo mayor de innumerables aves empoderándose,
aumentando para abrumar cada milla de mi corazón,
a ese maldito nido le brotan hojas y ramas,
sus plumas se convierten en ojos y boca,
su voz ahora proviene de todas partes,
vociferando,

Cuando el Amante esté listo,
¡la Amada aparecerá!

¡Di cuál es La Palabra o ambos moriremos!

2.
La llamaré mi ángel de batalla, este *evangelion*.
Heraldo seráfico del noveno grado,
eón pleromático exigiendo una gnosis fundacional,
su voz tejelet eléctrico. Septuaginta, una puerta de dos hojas
que abre a pórticos, habitaciones y patios,
su voz una columna Salomónica de azúcar de cebada.

She's why I'm crazy.
She's why I can't sleep. She's why I never
sleep. She's why I avoid people.
She's why I drill the eight limbs with the mud-step,
why I walk the octagon of trigrams inscribed on Wudang,
why I practice the Spiral Ox Jaw and the Tiger's Mouth.
She's why I'm hard to live with
and why I say,

The bread that rises in a house that fails,
The Word, father of zero and one,
is our advocate.

A shut eye we name Beginning,
The Word sleeps,
and all is darkness.

An open eye
we name The Treasure,
The Word wakes
and voices are heard among the sounds of water.

The Word dreams, and worlds appear.
And stars beyond and behind our eyes.
And the moon with its hair tied up
and its hair let down.

Bound on every side,
and wide open in the center,
The Word hosts our breath, our span, the space
of our dreaming and our thinking,
our stillness and our moving. And the emerging present
is one of its bodies.

Ella es la razón por la que estoy loco.
La razón por la que no puedo dormir. La razón por la que nunca
duermo. La razón por la que evito a las personas.
Por la que perforo las ocho extremidades con el paso de barro,
por la que camino el octágono de trigramas inscritos en Wudang,
por la que practico la Mandíbula de Buey en espiral y la Boca de Tigre.
Ella es la razón por la que es difícil vivir conmigo
y por la que digo,

El pan que se levanta en una casa que falla,
La Palabra, padre de cero y uno,
es nuestro defensor.

Un ojo cerrado que llamamos Principio,
La Palabra duerme,
y todo es oscuridad.

Un ojo abierto
que nosotros nombramos El Tesoro,
La Palabra se despierta
y se escuchan voces entre los sonidos del agua.

La Palabra sueña, y aparecen mundos.
Y estrellas más allá y detrás de nuestros ojos.
Y la luna con su cabello atado
y su cabello suelto.

Atado por todos lados,
y completamente expuesto en el centro,
La Palabra alberga nuestra respiración, nuestra vida, el espacio
de nuestros sueños y nuestros pensamientos,
nuestra quietud y nuestro movimiento. Y el presente emergente
es uno de sus cuerpos.

The fulcrum, the eye, the heart enthroned,
the dove without person, homing, The Word

is a hammer raining down its songs,
a river pouring out of the mouth of the anvil.

Twin and unlike, The Word is without peer.
Black and white, it is a wheeling pair
of coincident opposites turning on a point:
Existence and Non-existence hand in hand.
Substance and Void begetting life and death.

The Word is an open book,
and its first and last pages are missing.

It is a brother and sister
telling each other
the missing parts
of one another's stories.

It is the lover and the beloved
constantly changing places in the fire.

And it is the wind in the treetops
outside our window,
a voice torn to pieces. Hear it?

The wind without a house, she says.
Time without a gate, she says.

A memory of the ocean
torments the trees,
a homesickness, she says.

El fulcro, el ojo, el corazón entronizado,
la paloma sin persona, dirigiéndose a casa, La Palabra

es un martillo descargando sus canciones,
un río que sale de la boca del yunque.

Gemelo y diferente, La Palabra no tiene igual.
Blanco y negro, es un par giratorio
de opuestos coincidentes girando sobre un punto:
Existencia y No Existencia de la mano.
La Sustancia y el Vacío engendrando la vida y la muerte.

La Palabra es un libro abierto
al que le faltan sus primeras y últimas páginas.

Es un hermano y una hermana
diciéndose
las partes faltantes
de las historias del otro.

Es el amante y la amada.
intercambiando constantemente lugares en el incendio.

Y es el viento en las copas de los árboles
fuera de nuestra ventana,
una voz hecha pedazos. ¿La oyes?

El viento sin casa, dice ella.
El tiempo sin puerta, dice ella.

Un recuerdo del océano
atormenta a los árboles,
una especie de nostalgia, dice ella.

The wind is leafing through both of our histories,
looking for a happy ending.

It is my hand moving over your body, I say,
finding more and more to know.

It is a circle of women
reciting in the round
the oldest stories of Death disguised as a traveler
or overlooked familiar, friend we shunned
for less faithful playmates.

It is a house,
and from inside come the voices of children
taking turns reading to one another.
It is their own story they read.

But why do their voices seem uneasy?
Does the moon, giant
at the window, frighten them?

Does death run amok through all
the pages of the story?
Do the pages turn by themselves?
Are there strangers in the house?
Is the house burning?

Soldiers with guns are at our door again.
Sister, quick. Change into a penny.
I'll fold you in a handkerchief,
put you in my pocket,
and jump inside a sack of rice,
one of the uncooked kernels.

El viento hojea nuestras dos historias,
buscando un final feliz.

Es mi mano moviéndose sobre tu cuerpo, le digo,
encontrando más y más por conocer.

Es un círculo de mujeres
recitando en la ronda
las historias más antiguas de la muerte disfrazada de viajero
o el pariente ignorado, el amigo que rechazamos
por compañeros de juego menos fieles.

Es una casa,
y desde adentro llegan las voces de los niños
turnándose para leer el uno al otro.
Es su propia historia la que leen.

Pero ¿por qué sus voces parecen inquietas?
¿Es acaso la luna, gigante
en la ventana, lo que los asusta?

¿La muerte recorre enloquecida
todas las páginas de la historia?
¿Las páginas se dan la vuelta solas?
¿Hay extraños en la casa?
¿Se está quemando la casa?

Soldados con pistolas están de nuevo en nuestra puerta.
Hermana, rápido. Conviértete en un centavo.
Te guardaré dentro de un pañuelo,
te pondré en mi bolsillo,
y saltaré dentro de un saco de arroz,
uno de los granos sin cocer.

Men with knives are looking in our windows again.
Brother, hurry. Turn yourself
into one of our mother's dolls
sitting on the living room shelf. I'll be the dust
settling on your eyelids.

The ones wearing wings are in the yard.

The ones adorned with lightning are in the house.

The ones decorated with stars
are dividing our futures among them.

Don't answer when they call to us in the voice of Nanny.

Don't believe them when they promise sugar.

Don't come out until evening,
or when you hear our mother weeping to herself.

If only I could become the mirror in her purse,
I'd never come back until the end of time.

3.
The treetops buck and heave
in the night wind.
Like drunks at sea leaning
too far over a rocking bulwark.
Like a woman throwing her green and gold hair
in time to a song only she can hear.

And from inside
that windswept bulk growing darker

Hombres con cuchillos se asoman de nuevo por nuestras ventanas.
Hermano, date prisa. Conviértete
en una de las muñecas de nuestra madre
sentada en el estante del salón. Yo seré el polvo
asentándose en tus párpados.

Los que llevan alas están en el patio.

Los que están adornados con un rayo están en la casa.

Los que están decorados con estrellas
se dividen nuestros futuros entre ellos.

No contestes cuando nos llamen con la voz de nuestra Niñera.

No les creas cuando prometan azúcar.

No salgas hasta la tarde,
o cuando escuches a nuestra madre llorando sola.

Si tan sólo pudiera convertirme en el espejo que carga en su bolso,
no volvería hasta el fin de los tiempos.

3.
Las copas de los árboles se mueven y se levantan
con el viento de la noche.
Como borrachos en el mar inclinándose
demasiado lejos sobre un baluarte que se balancea.
Como una mujer arrojando su cabello verde y dorado
al ritmo de una canción que ella puede escuchar.

Y desde dentro
de ese bulto azotado por el viento cada vez más oscuro

comes a frenzied uproar
of what must be
hundreds of hidden birds.

All that noise
of wind, leaves, and branches,
all that uttering from unseen throats,
and is there no word?

All that shrieking, iterating, crying
in the rustling leaves. All that screaming,
shrilling, running din
of squeaky wheels, radiant numbers of tongues,
beaks, hubs, wings, spokes
keening in centrifugal spinning,
and not one word?
Not any? Nor part? No bearing?

One hunger, a fanned fire, roars
in the voice of the sea.

One light eats itself, unconsumed.

The wind is taking the night apart, she says.
The wind is dismantling
the leaves, the branches, the minutes, our listening,

and finding more and more
moving pieces to index:
our hands, our mouths, our voices, recurring stairs

of an imperfect past,
a rumored present,
figures multiplying inside a mirror.

viene un alboroto frenético
de lo que deben ser
cientos de pájaros escondidos.

Todo ese ruido
de viento, hojas y ramas,
todo eso que emana de gargantas invisibles,
¿y no hay palabra?

Todos esos alaridos, iteración, llanto
en el susurrar de las hojas. Todos esos gritos,
chillidos, estruendo continuo
de ruedas chirriantes, radiantes números de lenguas,
picos, bujes, alas, radios
lamentando su rotación por la fuerza centrífuga,
¿y ni una palabra?
¿Ninguna? ¿Ni parte? ¿Nada?

Un hambre, un fuego avivado, ruge
en la voz del mar.

Una luz se come a sí misma, sin consumirse.

El viento está destruyendo la noche, dice ella.
El viento está desmantelando
las hojas, las ramas, los minutos, nuestra escucha,

y encontrando más y más
piezas en movimiento para indexar:
nuestras manos, nuestras bocas, nuestras voces, escaleras recurrentes

de un pasado imperfecto,
un presente rumoreado,
figuras que se multiplican dentro de un espejo.

Each, alone
in his dream of the world, I say,
is host and guest, a book
and the one who reads it
by the light of a vanished childhood.

Don't say that, she says.
We see by the light of who we are.
Look at us: You inside me
inside you. We've lived inside
each other from the beginning.
And from before beginning.
Before the world was ever found.

Before the world was found, I say,
I dwelled inside you,
and you breathed all through me,
in my body and its happiness,
in my body and its loneliness.

After I found the world, I had to go
looking for you. Ever since the world,
I only lose you and find you.
Lose you. And find you.

The body of the beloved
is the lover's true homeland, she says.

I can hear you, but I can't hear me, I say,
your voice a burning gown of song and time,
and me with my ghosts, me with my mockingbird.

Don't say that, she says.

Cada uno, solo
en su sueño del mundo, digo yo,
es anfitrión e invitado, un libro,
y el que lo lee
a la luz de una infancia desaparecida.

No digas eso, dice ella.
Vemos a la luz de quien somos.
Míranos: tu dentro de mí
dentro de ti. Hemos vivido uno dentro
del otro desde el principio.
Y desde antes del principio.
Antes de que el mundo fuera descubierto.

Antes de que se descubriera el mundo, le digo,
yo viví dentro de ti,
y tu respiraste a través de mí,
en mi cuerpo y su felicidad,
en mi cuerpo y su soledad.

Después de descubrir el mundo, tuve que ir
a buscarte. Desde el mundo,
sólo te pierdo y te encuentro.
Te pierdo. Y te encuentro.

El cuerpo de la amada.
es la verdadera patria del amante, dice ella.

Puedo escucharte, pero no a mí mismo, le digo,
tu voz un vestido ardiente de canción y tiempo,
y yo con mis fantasmas, yo con mi ruiseñor.

No digas eso, dice ella.

What is my mind, I wonder,
but the reflected light of your

voice, O burning one, O seeing voice, O
speaking eye that renders us

now legible,
now indecipherable, now
strangers traveling
under assumed names.

Don't say that, she says.
Look. A single page of the wind
copied by hand
is the volume of despair
the smallest living wing displaces.
And your voice will be your cup
each day my wings shelter
your dear, momentary earth.

My mind is several minds, I say,
each abiding differently: in your eyes,
in the smell of your hair, in your voice
moving over me, in my voice moving over you.

She says, Don't look at your hands.
Watch the shadows they make.
I say, Moving over you, my voice crosses
out of forbidden chambers of the Emperor of China,
through chronicles of exile and death in a foreign country,
to touch the ground I touch in me
when I speak to you.

Qué es mi mente, me pregunto,
sino la luz reflejada de tu

voz, oh ardiente, oh voz vidente, oh
ojo parlante que nos vuelve

ahora legibles,
ahora indescifrables, ahora
extraños viajando
bajo nombres ficticios.

No digas eso, dice ella.
Mira. Una sola página del viento
copiada a mano
es el volumen de desesperanza
que la más pequeña de las alas vivas destierra.
Y tu voz será tu copa.
cada día que mis alas alberguen
tu querida y momentánea tierra.

Mi mente es varias mentes, le digo,
cada una coexistiendo de manera distinta: en tus ojos,
en el olor de tu cabello, en tu voz
moviéndose sobre mí, en mi voz moviéndose sobre ti.

Ella dice, No te mires las manos.
Observa las sombras que hacen.
Yo digo, Moviéndose sobre ti, mi voz cruza
fuera de las cámaras prohibidas del emperador de China,
a través de crónicas de exilio y muerte en un país extranjero,
para tocar el suelo que toco en mí
cuando te hablo.

She says, A new mind makes the world new.
True words are a little blue.
And being human makes the saddest music in the world.

She says, Postpone all morning bells.
The ore lies awake inside the rock, a dream
of origin waiting to be rescued.

I say, The glare of your nakedness
confounds me, a distraction
from the darker incandescence of your being.
Inside you is the safest place to be.

The radio in the kitchen is stuck
in the year I was born.
The capitals of the world are burning.

And of all the things on my mind this evening,
words weigh the least,
Death weighs the most,
and your voice's body
beneath my voice's moving hand
is a green agent of freedom and order,
best friend to my earth and my ache.

Of all the things keeping me from sleep,
words weigh too much, yet not enough.
Time weighs nothing at all,
but I can't bear it.
And your body, burdened by minutes
and ancient rites, is my favorite sad song.

Ella dice, Una mente nueva hace que el mundo sea nuevo.
Las palabras verdaderas son un poco tristes.
Y ser humano hace la música más triste del mundo.

Ella dice, Pospón todas las campanas matutinas.
El mineral permanece despierto dentro de la roca, un sueño
de origen a la espera de ser rescatado.

Yo digo, El resplandor de tu desnudez
me confunde, una distracción
de la incandescencia más oscura de tu ser.
Dentro de ti es el lugar más seguro para estar.

La radio en la cocina.
está estancada en el año en que nací.
Las capitales del mundo arden.

Y de todas las cosas en mi mente esta noche,
las palabras son las que menos pesan,
la Muerte la que más,
y el cuerpo de tu voz
bajo la mano en movimiento de mi voz
es un agente inmaduro de la libertad y el orden,
el mejor amigo de mi tierra y mi dolor.

De todas las cosas que me impiden dormir,
las palabras pesan demasiado, mas no lo suficiente.
El tiempo no pesa nada en absoluto,
pero no lo puedo soportar.
Y tu cuerpo, cargado de minutos
y ritos antiguos, es mi canción triste favorita.

One wave that gives rise to three, shoulder, hip, and knee,
your body is the Lord's pure geometry.
Disguised as Time, your body is tears, lilies,
and the mouth of the falls.

And of all the things we're dying from tonight,
being alive is the strangest.
Surviving our histories is the saddest.
Time leaves the smallest wounds,
and your body, a mortal occasion
of timeless law,
is all the word I know.

Una ola que da lugar a tres, hombro, cadera y rodilla,
tu cuerpo es la pura geometría del Señor.
Disfrazado como el Tiempo, tu cuerpo es lágrimas, lirios,
y la boca de las cataratas.

Y de todas las cosas de las que estamos muriendo esta noche,
estar vivo es la más extraña.
Sobrevivir a nuestras historias es la más triste.
El tiempo deja las heridas más pequeñas,
y tu cuerpo, una ocasión mortal
de la ley intemporal,
es toda la palabra que conozco.

Sandalwood

The ash keeps dropping from the incense stick.

I keep turning you over in my mind.
I keep turning you over in my heart.

The stick shortens, burning.
The ash grows
and falls.

I keep turning you over.
I keep turning you.
I keep turning.

The ash keeps falling, piling up, more
of the silent reduction.
Burning earns such clean wages,
eye of ember, eye of ash hastening.

I keep turning your eyes over
to find your thoughts.
Turning your voice over
to find your meaning.
Turning your body over to find
a place to hide me.

And you keep turning inside me.

Sándalo

La ceniza sigue cayendo de la varilla de incienso.

Te sigo dando vueltas en mi mente.
Te sigo dando vueltas en mi corazón.

La varilla se acorta, arde.
La ceniza crece
y cae.

Te sigo dando vueltas.
Te sigo girando.
Sigo dando vueltas.

La ceniza sigue cayendo, acumulándose, más
de la reducción silenciosa.
La quema gana tan buenos salarios,
ojo de rescoldo, ojo de ceniza apresurándose.

Sigo dando la vuelta a tus ojos
para encontrar tus pensamientos.
Dando la vuelta a tu voz
para encontrar tu significado.
Dando la vuelta a tu cuerpo para encontrar
un lugar donde esconderme.

Y tú sigues dando vueltas dentro de mí.

Acknowledgments

Grateful acknowledgment is made to the editors of the publications where some of the poems in this book previously appeared.

American Poetry Review: "The Undressing"

Harvard Divinity Bulletin: "Hidden Hearing"

Image Journal: "Folding a Five-Cornered Star So the Corners Meet," "I Loved You Before I Was Born," "At the Year's Revolving Door"

Poetry: "Changing Places in the Fire," "Three Words"

World Literature Today: "God is Burning"

The Best American Poetry 2016: "Folding a Five-Cornered Star So the Corners Meet"

A small handful of the poems in this book previously appeared together as a chapbook titled *The Word from His Song*, published by BOA Editions, Ltd. in 2016.

I am grateful to *Poetry* magazine for recognizing "Changing Places in the Fire" with the Levinson Award.

I would also like to express my sincere gratitude to Hollins University for a residency that greatly contributed to my completing this book.

To my wife and family, thank you for your nurturance, your unflagging love and support.

To Jill Bialosky, thank you for your belief in my work, and for not giving up on me.

Agradecimientos

Se agradece a los editores de las publicaciones donde aparecieron algunos de los poemas de este libro anteriormente.

American Poetry Review: «The Undressing».

Harvard Divinity Bulletin: «Hidden Hearing».

Image Journal: «Folding a Five-Cornered Star So the Corners Meet», «I Loved You Before I Was Born», «At the Year's Revolving Door».

Poetry: «Changing Places in the Fire», «Three Words».

World Literature Today: «God is Burning».

The Best American Poetry 2016: «Folding a Five-Cornered Star So the Corners Meet».

Un puñado de poemas incluidos en este volumen han sido publicados previamente juntos como un panfleto titulado *The Word from His Song* por BOA Editions, Ltd. en 2016.

Agradezco a la revista *Poetry* el haber reconocido a «Changing Places in the Fire» con el Premio Levinson.

También me gustaría expresar mi sincero agradecimiento a la Universidad de Hollins por una residencia que contribuyó enormemente a que pudiera terminar este libro.

A mi esposa y mi familia, gracias por su sostén, su incansable amor y apoyo.

A Jill Bialosky, gracias por creer en mi trabajo y por no perder la fe en mí.

Índice

Lightning Source UK Ltd.
Milton Keynes UK
UKHW011436170620
365157UK00005B/1005